Contacto
ESPIRITUAL

*D*e pronto mi atención se dirigió hacia el cen tro del teatro donde pude ver a un precioso bebé sobre la cabeza de una mujer. El bebé flotaba como un ángel. Señalé a una joven que se encontraba un poco distante del escenario. Sin enteder por qué, ella se encontraba transtornada y no pudo hablar. Entonces le pedí que si podía venir a verme al final de la reunión. El mundo espiritual quería enviarle amor y el mensaje de que su bebé se encontraba seguro y feliz.

Después de sentir la tristeza de la mujer sonreí en silencio cuando recibí el siguiente mensaje de otro espíritu. Venía de un anciano llamado Edward quien me pidió que esperara. Así lo hice, y él caminó hacia mí para continuar con su comunicación. Mientras esperaba, encontre a su hija en la audiencia. Ella reía a carcajadas diciéndome que eso era típico de su padre cuando él estaba vivo —él caminaba con lentitud y todos tenían que esperarlo—.

La autora

En los últimos veiticinco años Jenny Crawford ha trabajado como maestra, conferencista y médium a nivel internacional. También ha sido la autora/narradora de varias guías para la meditación, ha dirigido talleres sobre conducta y desarrollo espiritual, lecturas y seminarios, y ha dado demostraciones en privado y en público sobre clarividencia y comunicación con espíritus.

En la actualidad vive parte del año en Nueva Zelanda y en los Estados Unidos. Desde 1999 fue ordenada como sacerdotisa y su trabajo lo realiza desde su sede en el Sur de California.

Correspondencia a la autora

Para contactar o escribir a la autora, o si desea más información sobre esta publicación, envíe su correspondencia a Llewellyn Español para ser remitida a la autora. La casa editora y la autora agradecen su interés y comentarios en la lectura de este libro y sus beneficios obtenidos. Llewellyn Español no garantiza que todas las cartas enviadas serán contestadas, pero si le aseguramos que serán remitidas a la autora. Favor escribir a:

Jenny Crawford
C/o Llewellyn Español
P.O. Box 64383, Dept. 0-7387-0289-7
St. Paul, MN 55164-0383, U.S.A.

Incluya un sobre estampillado con su dirección y $US1.00
para cubrir costos de correo. Fuera de los Estados Unidos
incluya un cupón de correo internacional

JENNY CRAWFORD

CONTACTO ESPIRITUAL

EXPERIENCIAS DE UN MÉDIUM

TRADUCIDO AL ESPAÑOL POR

EDGAR ROJAS

2003
Llewellyn Español
St. Paul, Minnesota 55164-0383, U.S.A.

PRIMERA EDICIÓN
Primera impresión, 2003

Edición y coordinación general por Edgar Rojas
Diseño del interior por Connie Hill
Diseño de la portada por Kevin R. Brown
Traducción al idioma Español por Edgar Rojas

Library of Congress Cataloging-in-Publication Data, Pending.
Biblioteca del Congreso. Información sobre esta publicación
Pendiente.

Crawford, Jennifer Christine, 1955–

ISBN 0-7387-0289-7

Llewellyn Español
Una división de Llewellyn Worldwide, Ltd.
P.O. Box 64383, Dept. 0-7387-0289-7
St. Paul, MN 55164-0383, U.S.A.
www.llewellynespanol.com
Impreso en los Estados Unidos de América

Dedicación

Dedico este libro a Dios. Le agradezco por bendecirme con la oportunidad de conocer gente maravillosa —todos ustedes son miembros de mi familia espiritual—.

A mi madre Anneliese, por su amor incondicional y las memorias que llevo en mi corazón para siempre.

A Elma Farmer, una gran médium, mi mentora y guía espiritual. Gracias por su gran sabiduría y energía positiva, la cual continua brillando desde el infinito.

Tabla de contenido

Reconocimientos — xi

Prólogo — xiii
por Richard Webster

Introducción — xv

Capítulo Uno — 1
Cómo rescatar el alma

Capítulo Dos — 5
Recibir ayuda del infinito

Capítulo Tres — 19
La historia de Karen Carpenter

Capítulo Cuatro— 25
Expectativas cuando se visita a un médium

Capítulo Cinco — 37
El día de la madre

Capítulo Seis — 47
El trabajo de base

Capítulo Siete — 61
Contactado por el espíritu

Capítulo Ocho — 87
La negatividad del suicidio

Capítulo Nueve — 107
Momentos agradables

Capítulo Diez — 121
Preguntas y respuestas

Capítulo Once — 137
Cartas de amor

Capítulo Doce — 151
La meditación

Lecturas sugeridas — 191

Reconocimientos

A todos aquellos que tuvieron el valor de compartir sus historias; sin ustedes este libro no hubiera sido posible.

A Corinn Coyde, Stephanie y al profesor Hans Holzer, por sugerirme que contactara a la editorial Llewellyn Worldwide.

A Joan Conrow por su habilidad como editora.

A Cassandra Anneliese por llenarnos de luz y alegría los corazones.

A la madre de Cassie, Sharlene, mi alma gemela, hermana, amiga y médium.

A Donna en Peaceful Living Publications, por toda su ayuda.

A Richard Webster, por su conocimiento, sabiduría y entusiasmo.

A todos los amigos en los Estados Unidos y alrededor del mundo que han abierto sus hogares y corazones, permitiéndonos ser parte de sus familias.

A todos en mi familia, los quiero mucho. Y por último a mi adorado esposo Robert, quien siempre ha sido el viento bajo mis alas.

Mi amor y gratitud a todos ustedes.

Prólogo
por Richard Webster

Desde hace tiempo ha existido una falta de información sobre el papel que desempeñan los médium y su labor en la sociedad. Por primera vez estoy complacido que un escritor haya respondido muchas de las preguntas que los lectores tienen acerca del mundo espiritual. Jenny Crawford es la persona indicada para esta labor.

Por muchos años he seguido con interés la carrera profesional de Jenny y he comprobado los beneficios que sus lectores han obtenido por su trabajo y dedicación. Su mentor, Elma Farmer, fue una gran persona y experimentada médium que dedicó su vida a estimular a todos aquellos que mostraban dotes psíquicos. Elma reconoció capacidad única que Jenny mostró desde un principio y sin duda debe estar orgullosa de la reputación internacional que su discípulo ahora disfruta.

Para Jenny llegar a este punto en su carrera no ha sido fácil. Al igual que muchas personas en su profesión, ella ha experimentado contratiempos, oposición y negatividad. Por fortuna, Jenny continúa con la mirada alta siguiendo su camino. Ahora todos podemos aprender de su experiencia y conocimiento.

Contacto Espiritual es una gran obra llena de historias y experiencias personales que muestra cómo su trabajo ha ayudado a muchos. El sinnúmero de agradecimientos que ha recibido es prueba contundente que su misión ha sido cumplida. Sus historias cuentan tanto de su personalidad como de su amor y dedicación por la humanidad.

La obra es fascinante. El capítulo sobre el suicidio me llamó mucho la atención. En mi propia carrera he ayudado y guiado a personas que han intentado cometer suicidio, así como a quienes han perdido a seres queridos por ésta u otra trágica razón. Jenny escribió al respecto por primera vez en su obra *Through the Eyes of Spirit*, y ahora provee ayuda mucho más detallada, demostrando su continuo crecimiento y desarrollo. La obra ofrece gran alivio y esperanza para aquellos que han perdido sus seres queridos trágicamente.

El capítulo de preguntas y respuestas es muy práctico porque cubre muchas de las dudas que son comunes a nivel general. Pero aún acentuando partes de su escrito, es muy difícil destacar un tema en particular ya que a través de todo el libro es visible la compasión y el entusiasmo de la escritora. Esta obra es la indicada para todos aquellos que deseen conocer sobre el mundo espiritual, y Jenny es una excelente guía y maestra que comparte su conocimiento con amor y esperanza.

Introducción

Hay maneras infinitas de descubrir su propio
ser, pero el amor está en primer lugar. Si lo
sigues, serás guiado más allá de los límites del
tiempo y la muerte. Sal del círculo del tiempo
y ubícate en el círculo del amor.

Ageless Body, Timeless Mind
—Deepak Chopra

En el año 1996 fue publicado mi primer libro
Through the Eyes of Spirit, (únicamente en el
idioma inglés), y la respuesta de los lectores fue extraordinaria. He recibido miles de cartas, mensajes elec-
trónicos, llamadas telefónicas desde los Estados Unidos, Canadá, Sur África, Inglaterra, Nueva Zelanda y
Australia de personas necesitadas. He tratado de contestar personalmente, pero me disculpo en forma especial a todos aquellos a quienes no he podido responder. Tengo la esperanza que al leer este segundo libro,
todas sus preguntas serán respondidas.

Al escribir mi primer libro fui guiada por la necesidad de presentarme y comunicarle al mundo qué
significa trabajar como médium espiritual, así como

para compartir mis habilidades psíquicas. Me siento muy agradecida por haber sido escogida como médiun y por tener la oportunidad de escribir acerca de verdaderas experiencias humanas.

Este libro está dirigido a ayudar de la mejor forma posible los corazones de muchas personas que sufren una pena. Muchas personas están ahora más expuestas y abiertas al tema de la vida después de la muerte. Debido a las innumerables pruebas, los incrédulos tienen dificultad para ignorar los mensajes genuinos presentados por médiums espirituales.

A través de los años he tenido la fortuna de conocer por medio de mis consultas privadas a miles de personas, de lo cual hablaré más adelante. Estas personas vienen de todos los rincones de la sociedad: doctores, enfermeras, terapeutas, psicólogos, jardineros, trabajadores sociales, actores, carpinteros, mecánicos, y la lista continúa sin terminar. En promedio, el setenta por ciento de quienes me consultan tienen el propósito de encontrar conexión con un ser querido que ha pasado al mundo espiritual. Otros vienen en busca de dirección, de guía, de paz interior o para confirmar su propósito en esta vida.

Mi trabajo como médium requiere de una gran responsabilidad e integridad. La confidencia es esencial, y siempre estoy conciente de la sensibilidad de las personas. El mundo espiritual envía mensajes en forma diferente dependiendo de la sensibilidad y necesidad de cada individuo. Siempre es interesante escuchar cómo estos mensajes son transmitidos estricta o permisivamente. El mundo espiritual parece decidir qué es lo mejor para la persona y cómo ella debe recibir el mensaje.

Una de las historias que comparto en este libro describe el arduo trabajo llevado a cabo por los espíritus para comunicarse con un amigo cercano o un ser querido. Esta historia es acerca de la famosa cantante Karen Carpenter, y cómo ella apareció en una de mis sesiones, dando un mensaje profundo a mi consultante quien era su Ingeniero de sonido y Director de giras.

También he escogido varias historias y cartas muy tristes para compartir con el lector. Una de ellas habla de un hombre llamado Jack quien perdió su único hijo en un accidente automovilístico. El dolor causado por la pérdida fue más difícil para él que los años que había pasado en la guerra de Vietnam.

Jack se consternó al saber que su hijo se había manifestado mientras él esperaba en el salón contiguo. Su asombro fue impactante al ver ante sus ojos pruebas de la vida después de la muerte. Cuando experimento un espíritu en esta intensidad, yo lo llamo clarividencia.

Mi iniciación como médium

Muchos me preguntan cómo me inicié como médium, cómo es posible, y qué sucede cuando atravesamos el velo de la vida y la muerte. Muchos dicen que podría representar un estado místico "después de la muerte". El velo es una cortina entre nosotros y el mundo espiritual, y es la barrera transparente a cruzar para alcanzar el más allá. Más adelante en este libro hablaré del tema. Puede ser una muy buena herramienta de preparación y entendimiento para aquellos que sufren de enfermedades letales o han presenciado la muerte de algún ser querido.

Pero el mundo espiritual no es sólo sufrimiento y pérdida. Muchos han compartido historias maravillosas como una en particular que ocurrió mientras me encontraba de gira en California en 1996. Se titula "El Día de la Madre", la cual tocará muchos corazones.

Creo que el amor incondicional ayuda al espíritu a realizar una comunicación clara con su ser querido. Por desgracia no puedo marcar un número y llamar a un espíritu. Imagínese como sería eso si pudiera llevarse a cabo. Podríamos llamar a Elvis Presley o a la Princesa Diana. Es el espíritu quien se conecta a través de mí por medio de una lectura para hablar con su ser querido en el plano terrenal.

Una vez más me siento inclinada a escribir sobre el tema del suicidio, lo cual tristemente afecta a la juventud. Este libro está escrito para ayudar a quienes han sufrido este tipo de pérdida y les es muy difícil encontrar significado en sus vidas.

Ser un médium significa tener acceso a la privacidad de las personas. Esto me otorga una sensación de humildad. Como punto de conexión entre este mundo y el mundo espiritual, me siento privilegiada de continuar mi trabajo expandiendo cada vez más mis talentos psíquicos y espirituales. Le sugiero de manera muy especial que se esfuerce en su propio desarrollo y expansión sin olvidar que todos tenemos la habilidad de escuchar y ver a los espíritus.

A través de esta obra he intentado compartir muchas de mis experiencias. Creo con sinceridad que Dios me ha bendecido en mi misión de conectar el mundo espiritual con el plano terrenal. Le doy la bienvenida en el viaje que está a punto de iniciar, para así compartir toda la sabiduría que nos permite abrir nuestros corazones para recibir el alivio necesario, la paz interior y la fuerza indispensable en el diario vivir.

1

Cómo rescatar el alma

> Creo que cada individuo tiene un alma, que
> hay un espíritu, el Espíritu de Dios, en cada
> uno de nosotros, lo cual nos hace a todos
> similares, así como a la vida y a la naturaleza.
> La vida en todas sus formas depende de esa
> fuerza que llamamos Dios.
>
> *The Lost Memoirs of Edgar Cayce*
> —A. Robert Smith

*H*a sentido alguna vez que no se encuentra solo, aún cuando la casa está desocupada? Algunas veces cuando una persona muere, su ego se mantiene conectado al cuerpo físico. Otras veces el difunto no reconoce que sus días en la tierra ya han terminado. Quizás nunca haya considerado que hay vida más allá de la muerte. (La película *The Six Sense*, protagonizada por Bruce Willis, es en mi forma de pensar, un buen ejemplo de lo que sucede cuando una persona fallece y no reconoce que ya ha dejado de existir).

Los encuentros con espíritus no son siempre escalofriantes o miedosos, como lo descubrí cuando me hospedaba en una bella casa en San Marcos, California. Por unas dos semanas había sentido una fuerte presencia en la casa, y no puse atención debido a que a menudo me siento rodeada por espíritus. Rob y yo habíamos planeado unas vacaciones con unos amigos, Lars y Gloria, así que ignoré la presencia del espíritu a medida que los cuatro disfrutábamos de las vacaciones.

Una vez, después de regresar a la casa, Britta, la hija de Lars y Gloria, sintió una presencia en la casa. Ella es enfermera de primeros auxilios, un ángel en la Tierra, y es muy intuitiva. Ella nos dijo que un día cuando bajaba las escaleras hacia la cocina, varias de las puertas de la alacena se habían abierto.

En otra ocasión, cuando estaba en la ducha, había escuchado la voz de un hombre decir "hola". Ella contestó, pensando que era su hermano que había llegado de visita, pero cuando salió del baño, no había nadie en la casa o alguna visible presencia.

Y en otra oportunidad cuando manejaba su automóvil hacia el trabajo, tuvo un fuerte presentimiento de que alguien estaba sentado en el asiento trasero. Se detuvo para cerciorarse, pero el vehículo estaba desocupado aún cuando su cabello en el cuello y la cabeza se encontraban totalmente parados.

Después de escuchar los relatos de Britta, sentí que había un espíritu en la casa. Tuve la urgencia de investigar el baño en el segundo piso, y puedo casi que garantizar que el espíritu se encontraba allí en el momento en que lo presentí. Parece que ese es su sitio preferido debido a la presencia del agua como fuente de energía.

Esa noche cuando me estaba quedando dormida, me despertaron el ruido de unos pasos en la habitación. En ese instante oré y luego regresé a dormir. En mi sueño profundo pude ver a un hombre sentado al lado de la cama. Aún cuando sentía su presencia, no pude abrir los ojos. No sentí miedo alguno a medida que él estiraba sus brazos hacia mi cuerpo, abrazándome y tomando mis manos fuertemente con las suyas. En mi visión veía a un hombre alto, elegante, vistiendo un traje negro y luciendo zapatos brillantes. A medida que él seguía tomando mis manos, yo rezaba y rezaba. Luego tomé las suyas y las elevé hacia el cielo. Le pedí que fuera con Dios y que mirara hacia la luminosidad del firmamento. Sus pies empezaron a levantarse del piso y él miraba hacia abajo como si estuviera flotando en medio de las nubes.

Creo que él vino hacia mí porque sabía que yo podía ayudarlo a rescatar su alma. Sentí que él había muerto en un accidente automovilístico y había seguido a Britta por su relación con los primeros auxilios.

Este hombre vino hacia mí para ser liberado. Él tenía miedo de partir, miedo a lo desconocido. Me había esperado hasta que regresara a la casa para liberar su alma y para ser enviado hacia la luz.

A través del poder de la oración él fue enviado hacia el mundo espiritual, y su alma rescatada y liberada. Yo sentí una paz interior al verlo elevarse hacia el cielo, y la casa retornó a su tranquilidad. Aún cuando él era un extraño, me sentí privilegiada por haber sido escogida para liberar su espíritu, y el sentimiento que experimenté al verlo ascender al infinito estará conmigo para siempre.

No se cómo explicarle la humildad y alegría que siento por haber sido parte de la transición de esta persona. Muchas almas tienen dificultad de pasar el velo. Muchas quizás lo han hecho muy rápido o en situaciones desfavorables —por ejemplo en trágicas circunstancias, pudieron haber sido asesinadas o haber muerto en prisión—. Las condiciones de la muerte de un individuo determinan el nivel de paz que ellos llevan consigo hacia la otra vida. He tenido comunicación con espíritus que no saben que ahora se encuentran en otra dimensión. El espíritu podría creer que todavía se encuentra en el plano terrenal. Estas almas no sienten que ya han completado su tarea en la Tierra, y deciden permanecer en estado espiritual moviéndose en territorios familiares cerca de sus seres queridos.

Algunos grupos espirituales se reúnen con el fin de ayudar a dichas almas a pasar a través del velo. Estos grupos se sientan en un círculo y rezan para recibir amor y orientación. Allí se logra contacto telepático a través del médium, o algún miembro del grupo, para ayudar al alma a emprender su camino. Esto ayuda al espíritu a liberarse del plano terrenal.

2

Recibir ayuda del infinito

Como lo dice el antiguo proverbio tibetano,
"la próxima vida, o mañana . . . nunca sabemos
cual llegará primero".

Ethics for the New Millennium
—El Honorable Dalai Lama

*D*urante una sesión, siempre es agradable hacer contacto con espíritus que fallecieron en presencia de sus seres queridos. Aún con sólo tomar la mano de la persona a punto morir, puede contribuir a una confortable y pacífica transición. El apoyo y entendimiento dado por la familia y amistades a aquellos que van a fallecer les permitirá viajar desde el cuerpo físico hacia el estado de iluminación. La luz brillará con fuerza guiando al alma a través del velo.

El velo ha sido descrito como un templo en el más allá, o algunos pueden decir que representa un estado místico después de la muerte. El velo es la cortina entre el mundo espiritual y nosotros, y todos la debemos pasar para llegar a esa dimensión.

Es también común para personas que están cerca de la muerte tener experiencias extracorporales en las cuales visitan familiares o amigos. En este estado de transición el fenómeno ocurre cuando el elegido se encuentra en estado de sueño. El individuo a morir puede viajar en el mundo astral fuera de su cuerpo físico, permitiéndole la conexión con los sueños o el subconsciente de la otra persona. Durante el viaje astral el sujeto abandona su cuerpo físico y se puede manifestar a otra persona en forma espiritual, aún cuando parezca que se encuentra en estado físico.

Creo que a pesar de lo doloroso que pueda parecer, es una bendición poder decir adiós a un ser querido antes de partir de este mundo. Muchos no tienen esa oportunidad. En el diario vivir a veces decimos adiós a alguien en especial, y poco después escuchamos la noticia de que ha muerto por una u otra causa. Es importante decirle a los seres queridos que los amamos constantemente, aún si sólo salen de compras a la tienda de la esquina. Abrazos y mensajes de amor juegan un papel vital en nuestras vidas; siempre despida a una persona con un mensaje de amor, porque quizás es la última vez que la verá.

Recuerdo una vez una joven de dieciocho años quien me consultó después de haber tenido un disgusto con su hermano de quince años. Ella le dijo: "Desearía que te murieras". Tristemente, esas fueron las últimas palabras que ella pronunció a su hermano. Esa tarde como a las 5:30, su familia recibió la noticia de que el joven había muerto en un accidente automovilístico. Creo que el mundo espiritual tuvo que ver en gran parte en la ayuda y el consuelo que ella necesitaba debido al estado de culpabilidad en que se encontraba.

Un Ángel Guardián es un alma con alto estado de evolución que ha sido designada para guiarnos y protegernos desde el momento del nacimiento. En muchas ocasiones este ángel llega al individuo para ayudarlo en la transición a través del velo hacia la próxima vida. Su aparición es en forma etérea para guiar a la persona por el túnel de luz hacia el mundo espiritual donde la curación y el aprendizaje continuarán.

El Ángel Guardián trae consigo energía que aparece en forma de luz brillante para guiar al alma en su ruta hacia el mundo espiritual. De esta luz se desprende un cordón dorado que está a punto de ser cortado. El cordón conecta al alma con el cuerpo físico, y cuando es cortado, el cuerpo físico deja de existir. Personas que han tenido la oportunidad de presenciar el momento de la transición, han atestiguado ver una luz luminosa llenando la habitación. Esto ocurre en el instante en que el cordón es cortado permitiendo al alma entrar a la dimensión espiritual.

Algunas personas podrían experimentar completa oscuridad por unos instantes después de abandonar el cuerpo físico, y luego ver la luz brillante acercarse a ellos.

Cuando el individuo está cerca a la muerte, podría presentarse una resistencia a partir debido a sus preocupaciones y sentimientos por la familia y sus allegados, o por situaciones aún sin resolver. Estos sentimientos de confusión pueden hacer más difícil el viaje que el alma está a punto de iniciar. En estas situaciones, la persona a menudo solicita la presencia de algún ser querido que ya ha fallecido. Así es como el espíritu transmite su mensaje, y en compañía del solicitado, ayudan a la persona a pasar hacia la otra vida.

El espíritu se manifiesta mediante la visualización de la persona deseada según el aspecto que tenía cuando estaba en el plano terrenal; es como mirar una fotografía e imaginarse a esa persona. El poder del pensamiento transmite la imagen del alma que el moribundo reconoce. Por ejemplo, ellos podrían llevar ropa casual como la que solían usar cuando estaban vivos.

En una ocasión fui llamada a un hospital para dar apoyo espiritual a una mujer llamada Janet, y cuyo esposo, Jeff, estaba muriendo debido a un problema neurológico. Esta enfermedad anula el sistema nervioso y muscular causando parálisis total. Jeff tenía unos cuarenta años y había estado enfermo por casi un año. Su cuerpo entero estaba paralizado, a excepción de uno de los dedos de los pies. Milagrosamente, él había escrito sus memorias en una máquina de escribir antes de su muerte. Uno de los comentarios más profundos que hizo en su libro pocos días antes de morir fue: "He estado a la puerta de la muerte y he regresado de nuevo. La vida no pasa enfrente de los ojos con rapidez; ella pasa lentamente".

La semana anterior había visitado a Janet en su casa para asistirla en una consulta. Durante la sesión, el hermano de Jeff, Jhon, quien había muerto hacia varios años, llegó a mí a través de la lectura. Él le pidió a Janet que le dijera a Jeff que lo estaba esperando y que no tuviera miedo de la muerte. Fue interesante ver a Jeff mirando por encima de mis hombros cuando lo visité en el hospital. Estoy segura que él podía ver a su hermano en la habitación, como parte de la preparación para asistir a Jeff en su paso a través del velo. Su último deseo fue el de no morir en el hospital, y tres días después murió tranquilamente en su hogar.

Jeff era un hombre con valores espirituales muy profundos, y tenía un entendimiento claro sobre la vida después de la muerte. Cada individuo que pasa al otro lado, lo hace según sus convicciones, creencias y sentimientos, y según las condiciones que han creado para sí mismos durante toda la vida. Nosotros creamos nuestro propio cielo e infierno por medio de la mente consciente; cosechamos lo que sembramos en cada vida. Somos libres y tenemos la libertad de determinar qué camino tomar, ya sea bueno o malo. Los budistas e hindúes creen que el karma individual es dispuesto según las acciones durante una encarnación, estableciendo el destino para la siguiente. Cada acción y pensamiento contribuye a la calidad de existencia en la siguiente vida. La forma como una persona termina su viaje en esta vida puede afectar cómo iniciará la próxima encarnación.

La reencarnación es el nacimiento una vez más del alma en otro cuerpo físico. Cuando la persona pasa al mundo espiritual, el alma hace su aparición nuevamente en el mundo terrenal a través del cuerpo de un recién nacido.

Siempre es visto con gran tristeza en el mundo espiritual cuando un alma está a punto de reencarnar en el plano terrestre. He escuchado a mis guías espirituales decir que su mundo pena cuando un alma regresa a la tierra. Esta tristeza es mostrada especialmente por aquellas almas que tienen una estrecha relación.

Lo opuesto ocurre cuando el alma regresa a su mundo. Esta es la razón por la cual algunas personas celebran la partida de un ser humano, en lugar de llorarla. Ellos saben y entienden que el alma ha pasado a un estado de tranquilidad, felicidad y paz. Muchos individuos hacen sus arreglos funerales solicitando que la ceremonia sea hecha en forma de celebración y no de pérdida.

El mundo espiritual tiene preparado una serie de estados donde el alma iniciará el proceso de recuperación por la vida anterior y la transición por la que acaba de pasar. Estas áreas se definen de acuerdo a las circunstancias en que pasaron el velo. El área de curación está diseñada para que el alma sea consciente y entienda el dolor físico y emocional que experimentó durante la vida pasada.

En algunos casos antes de morir, la persona se distancia emocionalmente de sus seres queridos. Esto facilita al alma su salida del plano terrenal. La familia y personas cercanas no deberían juzgar negativamente las acciones del individuo ya que podría ser un acto normal antes de morir. Sólo trate de entender que ellos están acercándose a otra dimensión y están distraídos debido a la intensa actividad a su alrededor proveniente del mundo espiritual, en su preparación para el retorno. La persona que parte ya se encuentra en un estado alterado de conciencia y siente la presencia de los espíritus a su alrededor. Ellos se deben concentrar en adquirir la energía necesaria para pasar al mundo que les espera.

A veces cuando la persona está falleciendo, es indicado hablarles con suavidad. Tome sus manos y dígales que no hay nada que temer. Muchos tienen miedo a morir por su temor a lo desconocido. Ellos no saben a qué se van a enfrentar o adónde van a ir. Muchos pueden sentirse muy vulnerables en estos momentos críticos. La presencia confortable de un ser querido puede ser la herramienta necesaria para mantener su dignidad y crear un estado de calma en su pacífica transición.

Otros tienen mucha dificultad en comunicarse antes de morir, en particular aquellos que sufren de enfermedades cerebrales. Ellos quizás no han sabido por mucho tiempo en dónde están ni para dónde van. Personas con enfermedades de Alzheimer responden positivamente a memorias musicales, por lo que es buena idea tocar su música predilecta antes de su partida.

A medida que se acerca el tiempo de partida de su ser querido, es recomendable darle un mensaje de aliento y de confianza en el increíble viaje que pronto iniciará.

También es posible establecer alguna clave que ellos pueden usar para comunicarse desde el mundo espiritual. Recuerdo haber hablado con una mujer llamada Sandra quien solicitaba una señal de su hijo desde el más allá. Antes de que ella viniera a hablar conmigo, Sandra se había comunicado con su hijo a través del pensamiento, diciéndole que para que ella pudiera creer que él era en realidad su hijo, él necesitaba mostrar una gran abundancia de manzanas y sus respectivos árboles. Él había trabajado en una plantación de manzanas antes de morir. Aún cuando el mensaje fue simple, surtió efecto para Sandra cuando se presentaron las manzanas mostrando que su hijo se encontraba vivo en otra dimensión.

Los seres queridos escuchan nuestras oraciones y pensamientos, y se acercan a nosotros para hacer contacto cuando ellos lo ven conveniente. Es importante orar tanto por los vivos como por los difuntos, y su poder puede ser enviado o dirigido a distancias prácticamente inconcebibles.

He conocido personas que no admiten la partida de sus seres queridos de este plano terrenal. Éste fue el caso de una mujer llamada Cathy, cuyo esposo había muerto de cáncer.

Ella se rehusaba a dejar que su esposo partiera, y se mostraba evidente durante las consultas que tuvo conmigo. El alma de su esposo se encontraba vagando en nuestra dimensión y necesitaba de ayuda para partir hacia su mundo espiritual. Para darle el permiso para completar su transición, era indispensable que ella admitiera que estaba bien que partiera. Después de la muerte de su esposo, Cathy se sentía agobiada y cansada debido a que él continuaba a su lado en forma espiritual. Él absorbía su energía porque pensaba que ella todavía lo necesitaba. Una de mis misiones como médium es ayudar a estas almas a emprender su camino.

Durante la consulta, pude sentir su energía elevarse en cuestión de segundos, a medida que realizaba la transición hacia la luz. También sabía que Cathy se iría a sentir desahogada y emocionalmente calmada en unos pocos días.

En otra ocasión conocí a una mujer llamada Betty, cuyo esposo también caminaba a su lado en forma espiritual. Cuando ella entró en la habitación, vi la clara imagen de su esposo a su lado. Él había muerto de un tumor cerebral, el cual le había creado confusión al momento de su muerte. Betty sabía que él aún estaba a su lado, y no sabía como decirle que estaba bien que partiera a su nueva dimensión. Durante el tiempo que duró la consulta, y por medio del poder de la oración, él siguió la luz hacia el otro lado.

En la mayoría de los casos, el poder del amor y la oración dirigirán a las personas a encontrarse con sus seres queridos que han partido en momentos de necesidad.

Recuerdo a una mujer llamada Maureen quien tenía como cuarenta años y hablaba con acento irlandés. Cuando iniciamos la sesión, pasaron sólo unos minutos cuando escuché la voz de una mujer en el mundo espiritual llamada May.

"Soy la abuela materna de Maureen", May me dijo.

Maureen me miró sorprendida cuando le di el mensaje. "Mi abuela apenas murió hace una semana", ella respondió.

May continuó diciendo que Maureen había estado con ella tomándola de su mano cuando ella murió.

"Por favor, agradézcale a Maureen por orar y por ayudarme; eso era todo lo que necesitaba en ese instante", me dijo la abuela.

Con este mensaje Maureen me confesó que eso había sido exactamente lo que su abuela le había dicho, palabra por palabra, momentos antes de que ella falleciera.

Muchas culturas tienen diferentes niveles de entendimiento y protocolo cuando se trata de enfrentar la muerte de un ser querido y esto ayuda al proceso de aceptación.

También llega a mi memoria el encuentro con una mujer hawaiana quien había perdido a su hijo de treinta y cuatro años de edad. Él había muerto en un accidente mientras montaba en un "skateboard" cuando su familia lo observaba, y su pequeño hijo había muerto trágicamente un año atrás. Recuerdo que su madre me decía: "Creo que entendemos dónde está nuestro hijo. Lo aceptamos y podemos decir que él ganó la carrera".

Su explicación llevaba un gran grado de entendimiento al sentir que su hijo había llegado al mundo espiritual antes que el resto de la familia. Ella también encontró alivio al pensar que él ya estaba junto a su pequeño hijo.

Y ella continuó diciendo: "Recuerdo cuando le decía a mi hijo el temor que me causaría al ver a una persona después de muerta. Y él me contestaba: 'Mami, no es a los muertos a quienes les debemos temer, es a los vivos'".

La muerte nos enseña sobre el sufrimiento, el perdón, la compasión, el amor incondicional, las tareas sin terminar, y la paz. También nos recuerda sobre cómo es importante cada segundo, y aún más, nos hace concientes de un Dios superior, su benevolencia y el bien que existe en cada individuo.

En muchas ocasiones antes de la muerte, la persona puede sentarse en su cama, sonreír, o mencionar el nombre de alguien quien ya ha fallecido. Los moribundos tienen formas diferentes de comunicarse no solamente con palabras. Es como si una reunión estuviera llevándose a cabo alrededor de esa persona.

Una de nuestras mejores amigas, Rhoda, me dijo que cuando su hermana Gail estaba muriendo de cáncer, ella le preguntó: "¿Quién te está mirando a través de la ventana?

Gayle respondió: "Todos ellos".

Rhoda preguntó: "¿Les tienes miedo?".

Gayle dijo: "Si, todavía no estoy lista para partir".

Esta es la razón por la cual es importante hablar con un moribundo en su paso hacia el mundo espiritual. Pregúnteles sobre los momentos especiales que tuvieron en su vida; con quien se sintieron más felices; y luego anímelos a recordar esas personas y situaciones. Hágales saber que no hay necesidad de respuesta, pues si logran escucharlo, sólo con verlos a los ojos será más que suficiente.

Una vez más asegúreles que están en camino hacia un lugar maravilloso donde se sentirán seguros, y que desde allí pueden continuar su camino. Muchos afirman que el ser querido que ha fallecido regresará en los sueños o en estado de meditación para confirmarles la transición que han llevado a cabo hacia el mundo espiritual.

En el caso de Rhoda, Gayle se presentó cuando ella se encontraba meditando y le dijo: "No temas cuando llegue tu momento de partir. Yo estaré contigo". Luego ella colocó la mano de Rhoda sobre una manta blanca que parecía como una suave nube plateada. "Observa cómo se siente de bien en este lado", dijo.

Desde ese momento, Rhoda afirmó, que ella no sentirá ningún temor cuando llegue su hora de partir.

Algunas personas reiteran no tener miedo a morir y esto hace la transición más fácil. Es como sentirse protegidos dentro de una cúpula, constantemente a salvo y sin temor alguno. Muchas almas afirman ser muy felices en el mundo espiritual y que su transición es como un viaje en una alfombra mágica.

Creo que antes que un individuo muere, él escoge el sitio, la hora, quien va a estar a su lado en el último instante en esta vida, o su deseo de estar a solas.

También pueden decidir esperar hasta que una fecha importante, un aniversario o un cumpleaños ha pasado.

Los moribundos nos dejan un legado de maravillosas memorias y recuerdos, enseñándonos a ser buenos escuchas y a desarrollar nuestra intuición para buscar señales que les traiga amor y paz en los últimos minutos de esta vida.

Atender y confortar a las almas que están a un paso de partir es una experiencia maravillosa. Es emocionante saber que es el inicio de un mágico viaje para alguien cercano a nosotros. Tenga paciencia; cuando sea el momento indicado, usted quizás será bendecido con la visita de alguien especial a través de sus sueños.

3

La historia de
Karen Carpenter

Abrazo el niño en mí con amor. Lo cuido con
dedicación. Es el niño que siente temor.
   Es el niño que está dolido. Es el niño que
no sabe qué hacer. Siempre estaré allí para ayudarlo. Lo abrazaré, lo amaré y haré todo lo que
esté a mi alcance para satisfacer sus necesidades.
Le haré saber que sin importar lo que suceda,
siempre estaré a su lado. Nunca me alejaré o lo
abandonaré. Siempre amaré a este niño.

Cartas a Louise
—Louise L. Hay

Conocí a Michael y Debbie Lansing en el Sur
de California cuando me pidieron consultas en
un par de ocasiones. Quedé realmente impresionada
por el extraordinario carácter y gentileza de esta
pareja. Durante mi consulta con Michael me enteré
que él había sido un Ingeniero de Sonido y Administrador de Giras para los cantantes famosos Richard y
la ya fallecida Karen Carpenter.

Unas semanas después de mi encuentro con Michael, él me envió una carta pidiéndome si me gustaría compartir su historia con los lectores.

El principio de los años 1980s
Norte de Hollywood, California

Después de dejar dormida a nuestra bebita de dos años, apagué las luces. Mi esposa ya estaba dormida. Vivíamos en una casita muy cómoda en la parte Norte de Hollywood, California. Ya había decidido abandonar mi trabajo en la industria del espectáculo; gran parte de mi vida la había pasado como Administrador de Giras para diferentes músicos y ahora que teníamos una pequeña hija, la idea de dejar mi casa por períodos de seis semanas, no me parecía nada agradable. En una ocasión cuando regresé de una gira de tres semanas, la niña no se me acercaba y actuaba como si yo fuera un extraño.

A medida que pensaba en el asunto, me quedé profundamente dormido para ser despertado temprano en la mañana por la voz de Karen Carpenter cantándome al oído: "We're all alone now and I'm singing this song to you" —estamos solos, y ahora te canto ésta canción—. Me desperté de inmediato. Esto era diferente a un sueño. El sonido era tan claro, tan real. No lo pude escuchar en mi oído izquierdo, sólo en el derecho, y parecía como si los labios de Karen hubieran estado a un par de centímetros de mi oído. Casi que podía sentir su respiración detrás de las palabras.

Decir que quedé pasmado no es suficiente para explicar mi reacción. Esto no parecía como uno de mis sueños, y yo los tengo muy a menudo. Mi corazón estaba que se me salía del pecho. Desperté a mi esposa Debbie y le pregunté si había escuchado algo. Eran casi las seis de la mañana. Ella me puso atención y también se preguntaba por qué la voz de Karen Carpenter aparecía en mis sueños. Ya no pude volver a dormir, así que decidí tomar un baño. No podía olvidarme de tal experiencia; fue maravillosa y pacífica, y sabía que había sido sólo para mí.

Regresé al dormitorio y encendí la televisión a un volumen bajo. Estaban hablando de la noticia de última hora: Karen Carpenter sufrió un masivo ataque al corazón y murió en la casa de sus padres en Downey, California. Quedé perplejo. Miré fijamente a mi esposa y me dijo: "Oh Dios, ella vino a verte". Había trabajado para Karen y Richard Carpenter como Ingeniero de Sonido por unos años. Esta historia tan personal me ha impactado en una forma que no puedo explicar y ha permanecido conmigo hasta hoy en día.

Esta experiencia junto con otras a lo largo de mi vida me incitó a visitar a un médium. Mi esposa, Debbie, acababa de regresar a casa después de haber consultado a Jenny Crawford. Ya había conocido a Jenny por un instante la semana anterior cuando la Reverenda Sandy Moore nos la había presentado en una fiesta de caridad que habíamos tenido en nuestra casa en Laguna Hills. Durante ese breve encuentro había quedado muy impresionado por la amabilidad y compasión que estas mujeres exhibían. Ya había conocido a Sandy por casi un año como fundadora de "Tara's Angels Center for Universal Truth", y como co-propietaria de la famosa tienda "Tara's Angels Store". Jenny se encontraba en el Sur de California conduciendo unos seminarios y atendiendo consultas. Ya había acordado visitar a Jenny el siguiente sábado por la mañana.

Estuve complacido de que la consulta fue grabada en cassette, porque algo muy inusual sucedió. Cuando ya había pasado casi la mitad del tiempo en la sesión, Jenny afirmó que alguien muy especial estaba allí para hablar conmigo. Ya había escuchado de mis dos abuelas y ellas habían tenido mucho que decirme, y me sentía agradecido por sus mensajes. Jenny me dijo que la mujer que había estado esperando pacientemente era Karen Carpenter. Ella se hizo presente por medio de unos pocos mensajes personales. Luego Jenny dijo: "Karen quiere decirte algo sobre tus dientes", que yo necesitaba acudir al dentista por alguna razón. Yo acababa de visitar al odontólogo en Palm Springs la semana pasada y me había hecho una limpieza dental. Le dije a Jenny que Karen había tenido una dentadura muy bonita. Quizás ese era el mensaje que se intentaba dar. Jenny dijo que Karen está negando con su cabeza, sonriendo, y apuntando con su dedo hacia mis dientes frontales. Quedé confundido sin saber qué era lo que estaba sucediendo. Jenny me dijo que no me

preocupara, que Karen tenía otras cosas que
decir y que iba a regresar a mí a través de un
sueño. Fuera de la confusión creada por los
dientes, la consulta fue muy agradable y dis-
fruté mucho haber visto a Jenny.

Esa misma noche, a las cuatro de la mañana,
me desperté de un sueño profundo. Allí tenía
un trabajo de mucha responsabilidad y al mando
de Richard Carpenter. Ese trabajo me causaba
mucha presión. Tenía que lograr el éxito en mi
especialización, de lo contrario iba a defraudar a
Richard y a todos los que estaban involucrados
en el proyecto. En el sueño la presión era inა-
guantable. No hallaba la hora de salir de esa
situación. Mientras trabajaba, Karen me miró y
me dijo: "¿Cómo, te gustaría vivir bajo esa presión todos los días?". Yo dije: "¡Ni pensarlo. No
quiero hacerlo!". Luego ella me mostró la imagen de una figura en forma de caparazón difícil
de distinguir. Ella me dijo que era la imagen de
un alma que no se había dado a sí misma el
regalo más importante del universo —el amor
propio—. Ella explicó que ahora entendía: No
importa si no somos apreciados por nuestras
madres o hermanos, o entendidos por los críticos, porque todos tenemos la habilidad de llenar nuestras almas con amor propio. Si no lo
conseguimos en algún lado, debemos dárnoslo a
sí mismos. Es tan sencillo como suena. El amor
propio sostiene nuestra vida física. Si no recibimos amor, o no nos sentimos apreciados en casa
o en el trabajo, es nuestra responsabilidad darnos
lo que es necesario para hacernos valer —el
amor propio—.

Luego Karen dijo: "Oh, y antes de que se me olvide, tus dientes . . . ¿no te acuerdas de Scotland? Ella sonrió y en ese momento desperté. Mi corazón se me salía del pecho; ¡qué sueño! Ahora todo era claro. ¿Y los recuerdos sobre Scotland? Karen y yo habíamos estado allá en 1976 durante una gira. Allí tuve un accidente y me había partido los dientes por la mitad. Eso era lo que Karen había querido decirme. Ella me había enviado al dentista en Downey, California, y nunca había regresado para que repararan los dientes por completo. ¡Gracias a Karen Carpenter y gracias a Jenny Crawford por haber intercedido!

Con amor,

Michael Lansing

Estoy muy agradecida porque Michael tuvo la voluntad de compartir ese precioso momento de la visita de Karen Carpenter. A menudo mucha gente no sabe qué esperar cuando visitan a un médium, y también agradezco porque cuando Michael decidió venir a verme, lo hizo con el corazón y la mente abierta.

4

Expectativas cuando se visita a un médium

Todo lo que necesito saber se me es revelado.
Todo lo que necesito saber llega a mí.
Todo está bien en mi vida.

Heal Your Body
—Louise L. Hay

Cuando se sienta inclinado a comunicarse con un ser querido en el mundo espiritual, sugiero que contacte un médium. Puede existir el deseo de hacer dicho contacto en fechas significativas que tienen relación con la persona que ha partido, lo cual ha sido influenciado por su ser querido durante el sueño.

Es benéfico hablar con un médium que ha sido recomendado. La mayoría de las personas se sienten más seguras cuando alguien con buenas credenciales viene a hacer reparaciones a sus casas. Este mismo principio se aplica al visitar un médium. Los médiums con gran reputación no necesitan promocionarse a sí mismos; los comentarios de las personas que los visitan son más que suficiente. Un médium respetable debe ser tratado como un profesional, por lo que es necesario seguir un horario de consultas que esté de acuerdo a la disponibilidad del médium.

A la hora de visitar al médium, asegúrese de sentirse confortable con sus alrededores. Si no es así, deberá comunicar al médium sobre su incomodidad con respecto al lugar donde se encuentra. Esto puede ayudar a hacer cambios en beneficio de otras personas. Si se encuentra en el lugar indicado, sentirá que es bienvenido de inmediato.

Recuerdo una mujer que me visitó y me habló sobre su primera experiencia con un médium. Ella se encontraba muy nerviosa debido a la reunión, y al momento de entrar a la casa del médium, notó que la grama y las plantas estaban muy descuidadas. Ella sintió un frío bajar por su cuello. La vivienda era muy antigua y era notoria la falta de cuidado. Trató de ignorar la condición exterior de la vivienda a medida que caminaba hacia la puerta principal. Nerviosamente golpeó, y la puerta se abrió.

"Oh Dios", ella pensó. "Esto de veras me está poniendo nerviosa". Y con su mano temblorosa, tocó una vez más a la puerta. En ese momento escuchó la voz de una anciana desde el interior gritando: "Siga". Esto era demasiado para ella, me decía, y continuaba explicándome que dicha experiencia la había asustado. Luego se detuvo temblando, pensando si debía entrar a la casa o salir corriendo. Ella decidió buscar una señal positiva que la indujera a entrar, pero en ese mismo instante un gato negro salió corriendo rozándole sus piernas. "No más", dijo, y salió tan rápido como pudo. Luego corrió a su automóvil y se alejó de ese lugar.

"Nunca miré hacia atrás", me dijo. "Sentí como si hubiera estado en la casa de "La Familia Adams".

El médium deberá hacerlo sentir agradable y confortable en el momento de la reunión. La habitación donde se hace la consulta deberá estar bien iluminada y se deberán evitar usar lentes oscuros ya que el contacto visual es muy importante.

Esta es una situación muy seria y responsable, y sólo deberá consultar médiums genuinos para su comunicación espiritual. Recuerde, sus ojos son los espejos de su alma, y de allí emanan las verdaderas emociones.

Tenga presente en no ofrecer ninguna información personal al médium. Las personas pueden hacer comentarios inadvertidos al encontrarse en nuevas situaciones, y aún el movimiento del cuerpo puede ser leído por un hábil médium. Algunas veces inescrupulosos médiums pueden aprovechar esos comentarios y tomar ventaja de las emociones y la vulnerabilidad de alguien en condición de tristeza.

Recomiendo no estar completamente desconectado del médium; una consulta genuina deberá ser respetada. Es importante que el médium escuche su voz durante la sesión. Un solo "sí" o "no" será suficiente, ya que la vibración de su voz atraerá la energía de sus seres queridos a través del médium. Muchos no tienen conocimiento de la vibración sanadora que el médium canaliza hacia ellos.

Intente ser abierto y receptivo. Médiums respetables tendrán una actitud positiva y proveerán información clara. Usted sentirá la energía radiante y cálida emitida por el médium. Muchos comunicarán advertencias si éstas son reconocidas, y si el médium está en contacto con niveles vibracionales superiores, esta información será transmitida en un contexto espiritual. Los mensajes recibidos por usted deben ser fáciles de entender, y el médium deberá estar dispuesto a contestar sus preguntas durante la sesión. Es recomendable esperar hasta el final de la consulta puesto que en este momento algunos médiums ya habrán contestado a sus interrogantes.

Es esencial que la información recibida provenga de planos superiores donde residen nuestros seres queridos. Se han reportado casos donde el médium inicia una comunicación positiva transmitiendo mensajes significativos, y momentos después, se transfiere a un plano vibracional negativo ofreciendo noticias devastadoras para el interesado.

Nuestro yo superior no posee ego, y los médiums no deberán permitir que el ego tome control dirigiendo las conversaciones hacia ellos mismos. Algunas personas me han dicho que su sesión con el médium fue extraordinaria en un principio, pero al final de la consulta, el médium se interesó más en contar su propia historia.

El médium deberá actuar como un profesional reconociendo que la persona viene a consultarlo en busca de seguridad, guía e información importante relacionada con su propia vida. Los costos por la sesión no están preestablecidos. Creo personalmente que el mundo espiritual provee lo necesario a sus trabajadores espirituales. Un amigo nuestro siempre dice: "Donde Dios guía, Dios recompensa, y así debe ser". Vale la pena mencionar que muchos médiums llevan a cabo sesiones sin ninguna compensación monetaria para ayudar a aquellos que se encuentran en necesidad.

A veces el mundo espiritual provee la información más importante en los últimos minutos de la sesión. Como en toda profesión, nosotros los médiums tenemos días buenos y malos. Esto no significa que se está recibiendo una mala conexión del mundo espiritual, pero puede ser que el médium esté extenuado, enfermo o saturado en el momento de la comunicación y no se pueda escuchar claramente.

Muchos médiums respetables han practicado esta ocupación sólo por un año, debido a que han trabajado hasta niveles de saturación. Tristemente he tenido la oportunidad de conocer varios de estos individuos, y les ha costado años recuperar sus niveles vitales de energía. Esto confirma el mensaje de que los médiums deben llevar un ritmo cuidadoso en sus prácticas. Es muy importante tener una dieta saludable, exponerse al aire fresco y beber gran cantidad de agua purificada.

La mayoría de los médiums ofrecen la grabación de la sesión porque confían en la información recibida. Esto es muy buena idea porque mensajes importantes pueden ser malinterpretados u omitidos durante la consulta; es beneficioso revisar los resultados más tarde.

Personalmente conduzco la sesión sentada enfrente a la persona. Antes de iniciar, cierro los ojos y digo una oración al Señor, pidiendo apoyo y protección durante el tiempo de la comunicación. Orar me ayuda a incrementar el nivel de vibración, que es como encender un interruptor con mi campo de energía.

Luego enfoco mi energía y atención en la parte superior de mi cabeza, conocida como el área del chakra. Visualizo esta área abriéndose como una flor con una luz brillante sobre ella. Cuando termino de comunicarme con el mundo espiritual, visualizo una vez más la flor cerrándose sobre mi cabeza.

Prefiero llevar a cabo consultas a personas de las cuales no tengo conocimiento alguno; así los mensajes transmitidos dan una fuerte evidencia de la vida después de la muerte.

Durante la sesión siempre permanezco con plena conciencia y hablo con voz natural. Si por algún motivo hay una interrupción, tengo la capacidad de controlar la situación mientras que el espíritu espera con paciencia hasta que la comunicación empieza otra vez.

Mi deseo es hacer que mis consultantes se sientan relajados durante el tiempo de la sesión. Por tal razón trabajo de una forma simple y clara. En un comienzo, siento cómo los espíritus se van agrupando a mi alrededor. Es como si me estuvieran analizando a medida que se acercan para comunicarse con el interesado. La comunicación es similar a una amistosa conversación con un amigo, a diferencia que el espíritu con quien estoy hablando es "visible" y "escuchable" para mí en un sentido espiritual y no en uno físico.

Algunas veces el espíritu demora en adaptarse a los cambios vibracionales de la comunicación. Una vez se logra, y mis niveles de energía se ubican en la misma frecuencia, puedo escuchar los mensajes claramente.

Siempre doy campo en la sesión para preguntas o para inquietudes en el caso de que la persona esté confundida. El espíritu se esfuerza para hacer esta conexión y cada segundo que se logra la comunicación es muy valiosa.

Los espíritus tienen facilidad de comunicarse si su conocimiento y entendimiento sobre la vida después de la muerte estaba presente cuando estaban vivos. Algunas veces cuando el espíritu está ansioso de comunicarse, lo hará sin titubeo alguno, o me visitará antes de que se lleve a cabo la sesión con la persona. En esos instantes siento una fuerte presencia a mi alrededor, y algunas veces el espíritu hablará y me dirá su nombre. Por lo general escucho esta información como un susurro al oído. El espíritu aparecerá y desaparecerá en su intento de contactar su ser querido.

Cuando el espíritu desea hacer contacto, facilitará los medios para lograrlo. Eso sucedió cuando conocí a Jack, en el Sur de California, en agosto del 2000. Una amiga de Jack llamada Teresa y otra mujer, tenían citas para consultarme. La amiga de Teresa no pudo venir a la consulta, y por tal razón, ella le pidió a Jack que la acompañara. Tiempo después Jack me comentó que él no sabía qué esperar de su visita a un médium. Antes de que ellos llegaran a la casa donde me encontraba trabajando, el espíritu de un hombre joven apareció ante mí. Me di cuenta que él estaba buscando a Jack o a Teresa por la ansiedad que mostraba esperando la visita.

Después de conocerlos, fue fácil establecer que el hijo de Jack estaba aguardando para comunicarse, como se lo hice saber más adelante. Tiempo después recibí una carta de Jack escrita en octubre 8, 2001.

Estimada Jenny,

Quisiera agradecerle por abrir mis ojos y mi corazón. El pasado agosto 14, mi amiga Teresa me llevó a verla para consultarla en privado. La pérdida de mi único hijo fue muy devastadora. No sólo era su padre, era su amigo, su confidente, y su madre también. Habiéndolo criado desde la edad de nueve años hasta su muerte a los dieciocho y medio, fue quizás mi más grande responsabilidad, pero a la vez la más gratificante que he tenido en mi vida. Después de su muerte me sentí completamente solo. Sin esposa, y sin ser una persona religiosa, mi rabia fue desatada hacia Dios. La depresión estaba destruyéndome. Mis problemas con el licor se complicaron hasta el punto en que vivía todo el tiempo embriagado. Llegué a contemplar el suicidio y me encontré en situaciones muy precarias. Mis amigos me aconsejaban visitar psiquiatras y grupos de ayuda. Me sentía fuera de lugar hasta que encontré un grupo de padres que también habían perdido a sus hijos. En ese momento, eso fue de gran ayuda.

Al final, después de un año y medio, un día me levanté, me afeité la barba y decidí tomar control de mi vida otra vez. Hice todo el esfuerzo para llevar una vida normal, pero el dolor todavía estaba allí aunque el alivio también se presentaba. Dicen que el tiempo cura; bueno, hasta cierto punto. Mi rabia disminuyó y mis pensamientos de suicidio se disiparon hasta el punto de sólo desear que Dios me llevara pronto.

Luego se presentó mi visita a usted. En el
instante en que me senté al frente suyo, usted
mencionó que cuando abrió la puerta, había
visto a Teresa, a mi y a un hombre joven, un
muchacho, parados en la entrada. Nunca nos
habíamos conocido y por tal razón quedé impresionado por sus palabras. El impacto fue tan
fuerte, como el que sentí cuando el doctor me
dijo que mi hijo había muerto. Fue como si el
tiempo no hubiera pasado. En la siguiente
hora no podía salir de mi asombro cuando la
escuchaba decir cosas que sólo mi hijo y yo
sabíamos. Cuando nos despedimos, mi amiga
Teresa notó mi incoherencia ese día en el camino
a casa. La semana siguiente escuché la grabación
de la consulta varias veces y tomé notas al respecto. Así pude estudiar toda la sesión. Como
resultado de la sesión y la grabación sentí un
alivio tal, que era como si hubiera sentido amor
una vez más. Todavía lloro de vez en cuando y
mi mente todavía tiene interrogantes, pero ahora
es en una forma positiva.

Es importante que entienda que yo no tenía
ni idea a lo que me iba a enfrentar cuando mi
amiga me llevó a verla. Siempre había deseado
recibir una señal de mi hijo, pero nunca había
podido lograrlo. Usted lo logró por medio de
la sesión y la grabación. Le agradezco con todo
mi corazón por la forma como me siento hoy.

Con amor,

Jack Drea

Nota: Esperé hasta este día para escribirle porque esta es la fecha en que mi hijo entró al mundo espiritual.

Le agradezco a Jack por abrir su corazón y compartir su maravillosa historia.

Cuando un ser querido en el mundo espiritual decide hacer contacto, ellos encuentran la forma de hacerlo. Eso sucedió cuando conocí a Cindy. Apenas acababa de iniciar su consulta, cuando un hombre se paró a mi lado y me pidió que trajera a Adam a la habitación. Cindy me miró sorprendida y dijo: "Adam es mi esposo y él está sentado afuera en el automóvil".

"Bueno, ve y tráelo", continuó el espíritu, a medida en que yo sonreía cuando Adam con nerviosismo se integraba a la sesión. Fue fascinante escuchar al padre de Adam identificarse desde el mundo espiritual, así como la información importante que transmitió a su hijo. También fue placentero ver a Adam abandonar la sesión con lágrimas de felicidad en sus ojos.

Es mi deseo que cada persona que consulta un médium, lleve en su corazón un recuerdo amoroso y duradero de dicha experiencia —el saber que hay vida después de la muerte—. Si este ha sido su caso, le sugiero que haga partícipe a sus amigos y allegados. Si lo comparte con personas no creyentes, habrá sembrado una semilla en sus pensamientos para su propio beneficio.

Algunas personas que han tenido encuentros con médiums, reconocen que sus vidas han sido transformadas profundamente por poderes superiores. Poco tiempo después de las consultas, la mayoría de las personas perciben cambios vibracionales en sus cuerpos y a su alrededor, creando como resultado un camino más feliz, positivo y lleno de paz.

Para mí, el verdadero trabajo de un médium es conectar personas con sus seres queridos en el mundo espiritual para comunicarles que aquellos que han partido están seguros y felices. Muchos me piden llevar un mensaje de amor a aquellos fallecidos. Recuerde, el espíritu escucha constantemente sus pensamientos y su voz silenciosa.

Mi próxima historia, "El día de la madre", ratifica el mensaje de una madre en el mundo espiritual quien escucha los mensajes de amor de su hijo y desea contestarle.

5

El día de la madre

"Podemos enfrentarlo todo cuando hubo
amor". Esto es quizás lo más importante
cuando sufrimos la muerte de uno de nuestros
padres. Con la excepción de niños pequeños,
todo infante penará la muerte del padre o la
madre, aún cuando ya sean adultos o sean
padres también.

On Life After Death
—Elisabeth Kübler-Ross

*U*na oración de esperanza, una carta de amor,
y mucha fe, han reforzado mis creencias en el
poder del amor de nuestras madres que nos consue-
lan desde el mundo espiritual.

Las madres son un precioso tesoro. ¿Dónde estaríamos sin el consejo, amor y apoyo de las madres? Mi
mundo pareció haberse derrumbado cuando recibí la
noticia de la muerte de mi madre. Apenas iniciaba una
gira en California para promover mi primer libro,
Through the Eyes of Spirit, cuando sucedió.

En el día del funeral de mi madre en Nueva Zelanda, yo me encontraba dirigiendo un seminario en el Sur de California con mi esposo Robert. En esos momentos todas mis creencias como médium me decían que mi madre ya había encontrado un cielo de paz y tranquilidad en el mundo espiritual. Le pedí a Dios que me diera fuerzas para continuar mi misión de ayudar al prójimo a sobreponer la pena causada por situaciones similares.

Durante el seminario, una señora llamada Corinn Coyde, quien había realizado la edición técnica de mi primer libro, se acercó y me dijo que tenía una carta muy especial para compartir conmigo. Ella sacó del bolsillo de su chaqueta un sobre blanco deteriorado por el tiempo. La carta me sorprendió al ver que contenía mensajes de amor de una familia a su madre que recientemente había fallecido. Su nombre era Louann y las letras de la carta decían cuánto la extrañaban y la amaban. Al parecer la nota había sido enviada desde Newport Beach, California, atada a varios globos de colores. Había volado a través de las autopistas, el océano, las montañas, y había caído en un pequeño pueblo llamado Pinon Hills, casi cien millas de distancia desde su punto de origen.

La nota había sido encontrada por los hijos de Corinn que se encontraban jugando en un área boscosa de su propiedad. Los muchachos habían notado un dinero tirado en la hierba, y ese llamó su atención llevándolos a descubrir la nota junto al dinero. No tenemos idea de cómo llegó el dinero a ese lugar, ya que no tenía ninguna conexión con la carta. Sin embargo eso fue suficiente para llamar su atención.

Corinn me dijo que ella iba a contestar la nota ya que había una dirección remitente en el sobre. Le pedí entonces que si ella podía enviar una copia del libro Through the eyes of Spirit, lo cual hizo al día siguiente. Ella también incluyó mi número de teléfono en Laguna Beach, donde me encontraba en ese instante, y que era muy cerca de Newport Beach.

Sólo cinco días después recibí una llamada telefónica de una mujer llamada Nancy, quien había escrito la carta junto con otros miembros de la familia. Invité a Nancy a venir a una consulta, pero le hice saber que no estaba segura si su madre iba a hacerse presente durante la sesión. Nancy se sintió emocionada y a su vez con dudas durante la conversación. A medida en que se acercaba nuestra reunión, sus nervios y emociones empezaron a trastornarla. El día de la consulta me llamó para preguntarme si era posible venir junto con su esposo Denis, a lo cual obviamente yo accedí.

Muy profundo en mi corazón sabía que una serie de eventos maravillosos estaban a punto de ocurrir. Una familia había enviado una nota a su madre en el mundo espiritual; luego había sido enviada a través del cielo, atada a una serie de globos de colores, y había llegado a mí, alguien con el don de comunicarse con el más allá. Parecía verdaderamente un milagro, a medida en que se acercaba la hora de nuestra reunión. Tenía la plena seguridad que la madre era responsable de dicho encuentro.

A medida que caminaba hacia la entrada a recibir a Nancy y a Denis, quedé encantada por la bella presencia que irradiaban. Ambos caminaron con elegancia cubiertos de luz a su alrededor. Nancy estaba nerviosa y vacilante por la reunión, y podía notar que sus emociones estaban un poco fuera de control. Antes de que yo empezara a hablar, sus lágrimas ya rodaban por sus mejillas. Los invité a sentarse y luego les expliqué la forma como yo trabajaba como médium. También les dije que entendía claramente sus emociones ya que mi madre también había muerto hacia sólo cuatro semanas.

Les explique que ellos podrían pensar que estos sucesos eran el fruto de la casualidad o coincidencia. Pero yo sentía totalmente lo contrario. Les dije que yo creía que esto había sido un mensaje mágico el cual había causado nuestra reunión en busca de una conexión con el mundo espiritual, y que Dios había ofrecido su mano fuerte y amorosa en esta divina intervención. Una vez más describí en detalle el desarrollo de los hechos y terminé agregando que yo apenas había llegado al país y que sólo unos días antes me encontraba al otro lado del mundo en Nueva Zelanda.

A manera de broma les dije que yo no podía haber llamado por teléfono a su madre al mundo espiritual, pero les aseguré que algo muy especial podía suceder ya que parecía que la madre de Nancy se las había arreglado para llevar a cabo esta reunión. El hecho de saber que Nancy y Denis compartían un gran amor por sus madres, ayudaba a las posibilidades para lograr una buena conexión.

Mientras preparaba la grabación de la sesión, rogaba con vehemencia para que esta pareja no fuera defraudada y porque mi contacto espiritual tuviera buenos resultados. No pasó mucho tiempo cuando sentí una fuerte presencia maternal alrededor. Podía ver a una señora que no se sentía muy bien en el momento de fallecer, pero tenía una presencia brillante y angelical a medida que se acercaba.

Ya no dudaba que Nancy y Denis habían sido guiados hacia esta reunión. Aparentemente, la madre de Denis había muerto casi al mismo tiempo que la mía. Ellos habían intentado concebir por seis años, y en el día en que murió la madre de Denis, Nancy tuvo el bebé. La historia se hacía más interesante a cada minuto.

Cuando miré detrás de Nancy y Denis, pude ver dos bellos rostros que me observaban. Sus ojos estaban bien abiertos e irradiaban vibraciones de paz. Estas dos hermosas almas que se canalizaban a través de mi cuerpo, intentaban transmitir un mensaje de alivio donde aseguraban que ellas ahora se encontraban bien en el mundo espiritual.

Los ojos de Nancy se llenaron de lágrimas a medida en que yo me convertía en un canal de transmisión, y ella también comenzó a sentir la presencia de su madre. En esos momentos es muy importante escuchar la voz del consultante ocasionalmente, debido a que su voz incita al espíritu a acercarse aún más. Siempre instruyo a mis consultantes a no revelar ninguna información personal ya que esto asegura una comunicación genuina.

La madre de Nancy, Louann, se acercaba aún más cuando empezó a escuchar la voz de su hija, y continuaba enviando mensajes que ratificaban su veracidad: descripciones importantes y detalladas, así como expresiones de amor y apoyo. Ella describió una cruz de diamantes que Nancy tenía en el joyero en su casa. A medida que la madre continuaba transmitiendo mensajes, las lágrimas brotaban de los ojos de Nancy. Ella lloraba y sonreía al mismo tiempo como muestra de alivio y felicidad al poder hablar con su madre una vez más.

Nancy me contó que cuando ella perdió a su madre, sintió como si le hubieran arrancado su brazo derecho. Luego la madre habló una vez más para agradecer a su hija por el amor y el apoyo que le había dado en el hospital durante su enfermedad y en los últimos momentos. "Ella sostuvo mi mano hasta el final", me dijo, y agradeció a su hija una vez más. Era obvio que había sido una hija muy especial, y estos momentos fueron preciosos para ambas al poder comunicarse de nuevo.

Cuando el amor es fuerte, creo que es posible para una persona comunicarse directamente con los espíritus por medio de la mente, sin la presencia necesaria de un médium. Sin embargo la comunicación de esta forma se dificulta por el grado de alteración en que se encuentra la persona por la muerte del ser querido. En estos momentos es cuando es de ayuda consultar a un médium quien puede contribuir con la energía necesaria para hacer la conexión en estos casos.

La madre de Denis también tuvo una intensa participación durante la consulta. Ella fue una persona de carácter fuerte durante su existencia en la Tierra y logró realizar una buena comunicación con nosotros. Denis confirmaba con el movimiento de su cabeza, "si, eso es verdad" o, "eso es exactamente lo que mamá hubiera dicho si estuviera viva".

Su madre habló sobre los negocios de su hijo, sobre la casa en que habitaban y otros detalles personales. Ella ofreció seguridad y apoyo a la pareja. También deseaba decirles que ella ya sabía acerca del bebé en camino y que había encontrado la paz perfecta en el mundo espiritual. Podía observar que estas dos personas tenían su vida muy organizada. Una vez más la madre de Nancy interrumpió para decir lo orgullosa que había estado de ella, diciéndome que Nancy había sido una guía y consejera.

Nancy y su familia habían enviado una carta a su madre en ese día tan especial, y cuando se acercaba la conclusión de nuestra reunión, ella me hizo esta pregunta: "Jenny, ¿cuál crees que fue la verdadera razón de mi madre para comunicarse con nosotros de esta manera? ¿Estaba intentando decirnos algo muy importante que necesitamos saber?".

La respuesta que recibí fue muy simple: "Oh, mi querida amiga, tu madre te está diciendo que ella recibió la carta, y que ella también desea enviarles amor a todos ustedes. Ella quiere que sepas que ahora se encuentra sin dolor ni sufrimiento y en completa paz".

Cuando llegamos al final, supe en mi corazón que había sido conectada con dos almas muy especiales quienes irían a extender su amor y luz por donde quiera que fueran. Al despedirnos, sonreí por la forma tan misteriosa como todo esto había ocurrido. Aunque nunca me sorprende la maravillosa forma en que el mundo espiritual lleva a cabo estas conexiones, la historia de Nancy y Denis había sido en realidad muy especial. Un bello regalo de amor fue retornado en este día.

Las palabras "recibí tu carta", expresadas por la madre de Nancy, estarán conmigo para siempre, y no tengo duda que también cambiarán sus vidas en forma positiva.

Dos meses después de mi encuentro con la pareja, recibí esta bella nota:

Creo en los ángeles . . .
que siempre rondan a nuestro alrededor,
dándonos ánimo,
cuando encontramos dificultades,
protegiéndonos del peligro
y mostrándonos el camino,
realizando pequeños milagros
en nuestras vidas cada día . . .

Querida Jenny,

Eso fue lo que hiciste . . . llevar a cabo un pequeño milagro sólo por ser como eres 'un regalo, un Ángel'.

El conocerte cambió nuestras vidas. Nunca olvidaremos esa experiencia tan maravillosa. No sabemos cómo agradecer tu amabilidad y gentileza. Eso significó más para nosotros de lo que las palabras pueden expresar. Esperamos de veras poder continuar nuestra amistad. Te deseamos mucho amor y felicidad para siempre.

Nancy y Denis

Dos años después, Rob y yo nos encontramos con Nancy, Denis y Corinn en un exquisito restaurante italiano en Newport Beach, donde los meseros cantaban a sus invitados.

Fue muy feliz estar todos otra vez, y cuando nos sentamos en una mesa redonda, un mesero con una maravillosa voz, empezó a cantar "Ave María". Nos miramos con los ojos llorosos, a medida que nos sentíamos como una familia especial reuniéndonos una vez más.

6

El trabajo de base

El Palladium de Londres
Debí de haber estado loca de la emoción,
por supuesto, pero lo único que podía pensar
era ¡Oh cielos, eso quiere decir que tengo que
hacerlo. En realidad tengo que ir al Palladium
de Londres!

> *Whispering Voices*
> —Doris Stokes,
> International Medium

*A*unque la mayor parte de mi trabajo se lleva a cabo en sesiones privadas, con frecuencia me encuentro enfrente de una audiencia enviando mensajes clarividentes a individuos. A esto lo denomino el trabajo de base. Es como una estación de trenes, y muchas veces se siente exactamente como eso; espíritus a la espera para hacer contacto con la audiencia.

En este tipo de trabajo, siempre confío que los cables espirituales no se vayan a cruzar cuando los espíritus se reúnen en grupo y empiezan a hablarme todos a la vez.

Cuando trabajo frente a un auditorio, los espíritus se agrupan en contorno de la luz irradiada por parte de los escuchas. La luz radiante de amor es la que guía a los espíritus a hacer contacto con la audiencia.

En este tipo de demostraciones los médiums se esfuerzan para mantener la energía en circulación; escuchar las risas de la audiencia aumenta la vibración de la conexión permitiendo una comunicación más fuerte con el mundo espiritual.

Sería apropiado si los clarividentes pudieran practicar sus sesiones antes de hacer demostraciones públicas. Pero desafortunadamente esto no es de esa manera, y por lo general siempre tenemos que esperar hasta estar enfrente del auditorio para que los mensajes empiecen a fluir.

Es recomendable no entablar conversación con miembros del público antes de la presentación ya que podría crear sospechas sobre la autenticidad de la comunicación. Siempre trato que mis mensajes sean claros y directos para tratar de probar a la audiencia que existe vida después de la muerte.

Recuerdo una vez que se me pidió realizar un acto de clarividencia en una reunión que se llamaba "Conozca a los Médiums", realizada en uno de los teatros locales. Me sentí privilegiada al ser invitada por la famosa médium Maureen Chapman, quien ha sido mi colega y una de mis guías espirituales por muchos años. Cuando estábamos detrás del escenario, el teatro empezó a llenarse; casi que podía sentirse toda la emoción del público a medida que tomaban asiento. Miré a través de la cortina y no podía creer la cantidad de gente que había llegado al teatro. El organizador del evento se acercó y nos dijo que iban a colocar más asientos en el auditorio porque ya había más de 650 personas en el lugar. Yo sabía que iba a ser una noche extraordinaria.

Maureen y yo caminamos sobre el escenario y fuimos introducidas a la audiencia. Estábamos orgullosas de vestir prendas apropiadas para la ocasión. Maureen abrió la noche con su clarividencia. Yo esperaba mi turno detrás del escenario a medida que escuchaba la exclamación y el asombro del público. Maureen continuaba transmitiendo sus mensajes, pronunciando nombres, sobrenombres y una serie importante de información para todos aquellos que recibían mensajes. La audiencia rió a carcajadas varias veces hasta el punto de hacerlos reír fuera de control.

Ella dijo: "Quisiera dirigirme al caballero que está sentado en la mitad del teatro", y de inmediato le entregaron un micrófono.

"Le advierto", el hombre gritó a Maureen. "Yo soy uno de sus más grandes incrédulos".

La audiencia reía a todo pulmón cuando otro hombre en la parte trasera del pasillo se levantó y exclamó: "Usted no lo es, yo lo soy".

Esto aumentó aún más la risa en el público.

Maureen prosiguió con el mensaje para el primer incrédulo: "Puedo verlo a usted y a su esposa discutiendo por la tala de un árbol", dijo al micrófono.

El hombre replicó; ¿Cómo sabe eso? En ese momento su esposa interfirió diciendo: "Si, yo no quiero cortar el árbol, pero el no me escucha".

La audiencia continuaba riendo a medida que el mensaje era revelado. Maureen continuó hasta traer al abuelo de este hombre desde el mundo espiritual. Una vez más, ella dio detalles claros y específicos, y el hombre esta vez respondió en un tono diferente.

¿Cómo sabe tanto de mi abuelito?, preguntó. "Sabe una cosa... creo que me ha ganado". Y el público aplaudió y rió una vez más.

Maureen luego dirigió su atención hacia el hombre en el pasillo, y cuando le presentó una serie de claros y detallados mensajes, él también admitió que debería haber algo después de la muerte.

(Esto me acuerda la historia de una mujer que le rogaba a su esposo a presenciar la demostración de un clarividente. Cuando se encontraban sentados en el concurrido teatro, el médium se paró en el escenario para transmitir mensajes al público.

De repente un hombre empezó a reírse. Él le decía a su esposa: ¿Cómo alguien puede concentrarse con tanto ruido?, refiriéndose a la música que tocaba la orquesta en ese instante.

La mujer se sintió apenada y, sin pensarlo, le dijo a su esposo que guardara silencio. A lo cual él contestó: "¡Cómo alguien puede estar en silencio con esos músicos tocando los instrumentos tan duro!".

La mujer lo miró desconcertada al no poder ver ni oír ningún músico.

En ese momento el médium inició su charla diciendo: "Damas y caballeros, antes de continuar debo disculparme por mi distracción causada por la orquesta del mundo espiritual que ha entrado al teatro a tocar su música. Sólo estaba esperando que partieran antes de empezar".

La esposa de aquel hombre se sentó con la boca abierta al darse cuenta que su esposo y el médium eran los únicos que habían escuchado la música espiritual).

La velada con Maureen se desarrollaba a la perfección. Yo por mi parte, sentada detrás del escenario, pedía al mundo espiritual un mensaje para abrir mi presentación. En ese momento sentí un hombre joven a mi lado. "Mi nombre es Barry", me dijo, "y fui muerto en un accidente automovilístico. Mi madre está aquí, sentada en la primera fila del teatro". Cuando salí al escenario, lo único que vi fue la cantidad de rostros mirándome desde todas las direcciones.

Por lo general antes de una demostración de este tipo, necesito hablar por unos minutos hasta que el mundo espiritual me informa que están listos para comunicarse. Cuando me encuentro al frente de grupos numerosos, los espíritus esperan con paciencia para hacer contacto con las personas en la audiencia.

Esa noche escuché una voz fuerte que me decía: "Vamos, ya estamos listos". Sentí que había sido Barry una vez más, así que miré hacia la primera fila del auditorio y anuncié que tenía a un tal Barry conectado en ese instante desde el mundo espiritual. Una mujer levantó su mano rápidamente. Ella parecía sorprendida. "Ese es su hijo, mi señora", exclamé.

"Si". Ella gritó con las manos en su rostro.

"Su hijo me ha dicho que él fue muerto en un accidente automovilístico", dije.

"Si, es correcto", ella respondió. El mensaje continuó y pude ver que el amor madre/hijo era muy fuerte. En realidad sentí que quería quedarme con esta señora transmitiéndole mensajes toda la noche. Pero no fue posible debido a que una anciana desde el mundo espiritual intervino para transmitir su mensaje.

"Estoy buscando a mi hija Stella en la audiencia; ella está en la parte trasera del teatro", me dijo. Stella levantó su mano y cuando recibió el micrófono, los mensajes de su madre se llevaron a cabo.

"Stella es mi sobrenombre", nos dijo a todos; "Mi mamá siempre me llamó así". Su madre prosiguió con otro mensaje, y luego dio otro a la hija de Stella y a su hermana que se encontraban sentadas a su lado. Ellas estaban sentadas tan atrás en el público, que apenas podía ver las siluetas de sus rostros, pero el tono de sus voces indicaban la felicidad que experimentaban gracias a los mensajes.

El mundo espiritual sabe cuándo las familias se encuentran juntas en la audiencia. Algunas veces algún conocido en el auditorio puede ser contactado para transmitir el mensaje.

Mi siguiente mensaje fue muy interesante al ser dirigido a una mujer que se encontraba en la primera fila. Pude ver que ella se había cambiado recientemente a un nuevo apartamento y le hice el comentario de que su arrendatario era una buena persona. Mientras transmitía este mensaje, mi atención se dirigió hacia una luz azul que titilaba sobre la cabeza de un hombre sentado al fondo del teatro. Le pedí al hombre que se acercara hacia el escenario y luego pregunté a la mujer si lo conocía. Ella se ruborizó al contestar: "Si, éste es mi nuevo arrendatario". La audiencia estalló de risa.

En ese instante el espíritu de un hombre hizo su aparición. Su nombre era Alan, y yo tenía dificultad de asociarlo con alguien presente. "¿A quién estás buscando Alan?", pregunté. Él contestó: "A Susan, estoy buscando a Susan". Ella estaba sentada en la parte trasera del teatro, cerca a una de las luces. Cuando señalé esa área, una de las mujeres gritó: "Si, soy Susan". Ella recibió un amoroso mensaje.

Después de un rato tuve dificultad de atender a todos los espíritus que aguardaban su turno para comunicarse con sus amigos, familiares y seres queridos. Otro espíritu intervino y solicitó hablar con Bo, una mujer a quien localicé en la audiencia. Un espíritu exclamó: "Mi nombre es Steven", y me mostró una luz tenue sobre la cabeza de un hombre que aparentaba unos treinta años. Algunas veces esta luz azul es lo único que puedo ver del espíritu moviéndose a través del auditorio. Parece que estos dos hombres habían compartido años de escuela, y Steven estaba muy agradecido por la amistad en esos años.

También pude ver la letra "D" escrita sobre la cabeza de un hombre. Tuve dificultad en descifrar su nombre, cuando el hombre dijo: "Mi nombre es Dean".

"Muy bien Dean, Steven te está enviando un mensaje, y por supuesto, siempre tratamos de no dar mensajes de carácter personal en público, pero él quiere decirte que vas a conocer una dama encantadora muy pronto, y tu vida personal va a ser muy agradable".

Dean gritó: "Oh Dios, ya era hora", y la audiencia rió y aplaudió al mismo tiempo.

Cuando el público paraba de reír, el espíritu de una anciana apareció a mi lado solicitando ver a su hijo Cyril quien se encontraba presente. Un hombre de unos sesenta años levantó su mano. Me llamó la atención ver un loro de color verde y anaranjado del mundo espiritual volar a su alrededor. La audiencia sonrió de nuevo. Al final me enteré que la madre había estado en el ancianato por varios años, y su loro que tenía sesenta años de edad, también había vivido allí. La madre de Cyril murió a los noventa y nueve años, y el loro había muerto al día siguiente. El loro no podía vivir sin ella. Es interesante ver que después de pasar tantos años juntos, el loro y la madre de Cyril fueron reunidos una vez más, poco después de su muerte.

El espíritu de una niña pequeña apareció buscando a su madre en la audiencia. Junto a la niña se encontraba un pequeño perro de color dorado. La niña me dijo que había muerto de leucemia, y que su perro había muerto momentos después sin causa alguna. Expliqué a la audiencia que en algunas ocasiones, nos llevamos las mascotas con nosotros. La madre estuvo muy agradecida al saber de su pequeña, y muchos de los presentes secaban sus lágrimas al escuchar el mensaje.

Después de escuchar este tipo de historias, siempre rezo por la pronta superación de aquellos en la audiencia que están en pena, y también espero que al partir, lleven consigo una manta de protección llena de luz y amor.

Los espíritus seguían llegando más rápido de lo que yo podía atender. Dos hombres de la misma familia se acercaron y me dijeron que ambos se habían ahogado en situaciones diferentes, y me dirigieron hacia su tía que se encontraba presente.

Mi atención se dirigió hacia la mitad del teatro donde pude ver un precioso bebé varón suspendido sobre la cabeza de una mujer. El bebé flotaba como un ángel. Luego señalé a la joven mujer quien a su vez expresó su incomodidad para hablar. Le pedí entonces que si podía venir a verme después de que todo hubiera terminado. El mundo espiritual deseaba darle el mensaje de que su bebé se encontraba bien.

Después de sentir la tristeza de aquella mujer, sonreí en silencio cuando recibí el siguiente mensaje. Éste provenía de un anciano llamado Edward, quién me pidió que lo esperara, lo cual hice, mientras caminaba lentamente hacia mí. Mientras esperaba, localicé su hija en la audiencia. Ella rió a carcajadas y dijo que esa era la costumbre de su padre cuando estaba vivo. Él siempre caminaba a su gusto y la gente siempre lo esperaba.

Más mensajes se dieron a conocer, y a medida que el tiempo se acababa, pude sentir que la audiencia había disfrutado de una noche de clarividencia. Me sentí orgullosa y al mismo tiempo humilde por haber sido parte de todo ese amor compartido en el escenario.

Al despedir la noche, Maureen y yo quedamos asombradas por la cantidad de gente que rápidamente vino hacia el escenario para hablar con nosotras. Sentí como si hubiéramos hablado por horas, cuando noté que las luces se apagaban. Esa fue la última señal de que la noche había terminado.

Cuando bajaba del escenario, una niña se acercó. Ella tenía unos diez años, lucía un bello cabello oscuro y tenía ojos grandes café.

"Hola", dijo con su voz suave y gentil.

"Hola preciosa", dije, a medida que me volteaba a verla. Pude ver en su presencia que se trataba de un alma muy especial.

"Me podría decir por favor", dijo, llenándose sus ojos de lágrimas, "¿los animales van de veras al mundo espiritual, como los humanos?".

Mi respuesta fue rápida y firme. "Claro que si, preciosa. Nuestros animales van al cielo y son cuidados por nuestros seres queridos en el mundo espiritual".

"Muy bien", ella dijo. "Mi pájaro acaba de morir y yo quería saber si él estaba bien".

Yo había pensado que ya no tenía más energía para recibir mensajes, cuando de repente vi a una anciana mujer llamada Joyce sosteniendo en sus manos un bello pájaro blanco, parecido a una paloma.

"Oh mi preciosa niña", le dije. "Tu tienes a la abuela Joyce en el mundo espiritual y te quiere mucho. Ella tiene en sus manos un bello pájaro blanco".

Los ojos de la niña se llenaron de lágrimas y dijo: "Si esa es mi abuela, y mi pájaro era blanco". Una sonrisa salió de sus labios y luego se alejó corriendo. Entonces dije en silencio; qué forma tan mágica de terminar una noche de clarividencia.

Creo que aquellos que atienden a estas reuniones, se alejan con un sentimiento reanimador y llenos de mensajes de amor.

Recuerdo en otra reunión el mensaje dado a una mujer en el auditorio. Ella se había casado de nuevo y su primer esposo había muerto en un accidente en motocicleta. Claramente podía ver a su difunto esposo parado muy cerca, detrás de ella. Él era alto, corpulento y tenía un bello cabello negro ondulado. Él me dijo que había sido atropellado por un camión, y que el accidente no había sido su culpa. Cuando transmití el mensaje a su esposa, ella pareció desinteresada y dio una respuesta con dificultad. Algunas veces el médium debe transmitir un mensaje que verdaderamente impacta a la gente, antes de obtener una reacción. El siguiente mensaje de veras llamó su atención.

El esposo quería que yo comunicara que él tenía el perro de ella en el mundo espiritual, un labrador de color negro. Ella gritó: "¡Oh Dios!". Ella nos dijo que había cuidado al perro después de la muerte de su esposo como forma de ayudarse a sanar su pena. Hacía poco el perro había muerto trágicamente y este mensaje le había dado la paz interior y el consuelo que tanto deseaba. Sentí felicidad por la comunicación lograda y aún más porque ella ahora creía que su esposo estaba bien y a salvo en el mundo espiritual.

En otra oportunidad me encontraba dando una charla y una demostración de clarividencia a unos estudiantes de una escuela de masajes en Nevada City, California. Los estudiantes eran de diferentes edades. Cuando me preparaba para hablar, sentí una agradable energía que había sido creada por el grupo.

Ellos nunca habían presenciado una demostración de este tipo, y yo podía sentir sus emociones mientras me miraban con intensidad.

Uno de los mensajes que me llegaron fue muy interesante. Una fecha me fue dada: 27 de agosto. Un joven llamado Jason levantó su mano confirmando lo dicho. "Si, ese es el cumpleaños de mi madre", dijo.

La madre transmitió una serie de mensajes desde el mundo espiritual y luego dijo que ella realmente quería que Jason disfrutara de las navidades. Ella quería que su hijo colocara una estrella brillante en la parte superior del árbol, y que al mirarla, recordara que ella se encontraba ahora en paz. Las lágrimas corrieron por sus mejillas a medida que su madre compartía con nosotros que ella había cometido suicidio antes de que él hubiera cumplido dieciocho años justo antes de la Navidad. Él tenía treinta y un años de edad y no había disfrutado de esas festividades desde que ella había muerto. Después de la charla, él vino y me abrazó, diciéndome que este mensaje había cambiado su vida por completo. Me siento muy agradecida de haber sido el instrumento para llevar este simple, pero profundo mensaje.

Muchos otros en la escuela recibieron mensajes y espero volverlos a ver algún día.

Mientras me encontraba en San Clemente, California, fui invitada a realizar unas charlas frente a grupos de personas en sus residencias. Una mujer llamada Tina, nos invitó a Rob y a mi a su casa para llevar a cabo una charla. Su casa era acogedora y llena de vida y rizas, lo cual proveía una buena energía para la reunión. En una de las charlas, una anciana mujer llamada Dorothy vino del mundo espiritual diciéndome que su hija se encontraba presente en la casa. La mujer levantó su mano en la parte trasera de la habitación.

"Si, el nombre de mi madre es Dorothy", dijo.

No estoy segura si ella creía que era su madre, pero lo que continuó si la convenció. Cuando me acerqué a la hija, Dorothy me dijo que dijera en voz alta: "Bueno, hola, hola, hola".

Su hija se tomó la cara con las manos, y una vez más la madre me pidió que dijera: "Bueno, hola, hola, hola".

"Oh Dios", su hija respondió. "Es la forma exacta como mamá siempre se anunciaba, ¡no puedo creerlo!". Agradecí que la introducción de Dorothy fuera auténtica, dándole prueba a su hija de que se encontraba bien en el mundo espiritual.

La energía transmitida enfrente de una audiencia mientras se llevan a cabo trabajos de demostración, contribuye a los mensajes de amor enviados desde el mundo espiritual. Sin importar si el individuo recibe o no un mensaje, él o ella ha sido conectado con una poderosa fuerza de amor y energía curativa, y no tengo duda de que al partir, sus vidas han sido tocadas por los espíritus.

7

Contactado
por el espíritu

Este es un momento muy importante porque
se encuentra aquí por una razón especial, y
sólo le pertenece a usted. Si vive de la forma
correcta, nunca tendrá temor a la muerte.
  Puede hacerlo aún cuando sólo tenga un
día para vivir. Vivir bien significa en esencia
aprender a amar. "Fe, amor y esperanza, pero
el más grande de los tres es amor".

On Life After Death
—Elisabeth Kübler-Ross

A través de los años he conocido personas que
han tenido experiencias dolorosas en sus vidas.
Dolor y sufrimiento causados por la pérdida de un ser
querido, y en algún momento en esta vida, todos sere-
mos afectados por la muerte de un familiar cercano.
Se requiere de valor y fuerza por parte de los afectados
para continuar viviendo en este plano astral.

  La mayoría de los padres están condicionados a
creer que ellos morirán antes que sus hijos, pero
cuando no sucede así, el dolor se presenta sin reparar

consecuencias. Una de las peores tragedias que puede suceder a una persona es la pérdida de un hijo. Es quizás la situación más triste y dolorosa de un padre. La vida nunca será igual para ellos ya que sus corazones están estrechamente ligados con el de sus hijos. La muerte es un elemento de la existencia que nunca puede ser predecible; una persona puede abandonar esta Tierra en cualquier instante. Aún cuando los hijos pueden partir antes que los padres, el lazo espiritual creado nunca puede ser roto.

Cuando trato a personas que han sufrido tremendas tragedias en sus vidas, puedo sentir su angustioso dolor emocional. A veces siento un nudo en la garganta, como ocurrió en una ocasión cuando recibí a una mujer cuya hija había sido estrangulada por su exesposo. La madre deseaba hacer unas preguntas a su hija en el mundo espiritual, pero ella todavía se encontraba muy consternada. La única forma en que ella podía hacer las preguntas era escribiéndolas en un papel. Su garganta mostraba el dolor que sentía cuando ella intentaba hablar.

Cuando las almas parten en circunstancias trágicas, puede obstaculizar la comunicación deseada. Algunas veces es necesario un gran esfuerzo antes de que el espíritu sea aliviado y pueda hacer contacto con el médium.

Las siguientes historias son de individuos que vinieron a consultarme. Cada historia presenta un mensaje diferente, pero todas tienen en común las experiencias dolorosas que las personas enfrentan en la vida. También traen mensajes de alivio y felicidad. Varias historias son de padres que han perdido a sus hijos. Mi corazón está con ellos especialmente, y siempre ruego para que encuentren sosiego desde el mundo espiritual por medio de estas charlas.

Pasó lo inesperado

Pasaron tres años antes de que Judy tuviera el coraje de visitarme para consultarme sobre su hija que había muerto en un accidente automovilístico.

Casi un año después de su visita, Judy me envió una carta. Ella ha abierto su corazón y su alma para compartir su experiencia con el propósito de que quizás otros padres en pena puedan lograr el alivio y consuelo debido a situaciones similares.

La carta de Judy

Estimada Jenny,

En abril de 1992 pasó lo inesperado. Nicky, la segunda de mis tres hijas, murió en un accidente automovilístico. Mi vida por completo fue trastornada a raíz de esta tragedia. Fue como si el sol hubiera dejado de brillar, y los pájaros de cantar. La intensidad de mi dolor era incalculable.

A los veinticinco años de edad, Nicky era una atractiva y vibrante joven quien trabajaba como terapeuta de lenguaje. Como Cristiana, ella estaba involucrada en trabajos sociales para la juventud y usaba su talento artístico con marionetas para llevarles un mensaje de fe. Ella también influyó a muchas personas jóvenes y adultas por su actitud positiva.

Para mí, ella era especialmente mi soporte principal, mi alma gemela más allá de las fronteras del espacio o tiempo. Como madre, abuela, maestra, consejera y abogado defensor, continuamente me encontraba dando emocionalmente parte de mí, y cuando mis reservas se iban agotando, ahí estaba Nicky con una carta, una llamada o una visita para restaurar mi alma con su amor, su inteligencia y su especial actitud.

En los días, semanas y meses después de su muerte, me sentí como una leona en pena lamiendo sus heridas, forzándome a regresar a mi vieja rutina que era la sombra de mi pasado. Regresé a mi trabajo, regresé a ayudar a la gente, y a tratar de ayudar a los tres hijos que me quedaban para confrontar su propio dolor. Para los demás, parecía que yo estaba superando la tragedia. En mi interior, estaba vacía, desolada y muy, muy sola. Muchas veces pensé en ir a visitar a Jenny, una médium que me había recomendado un amigo y padre en circunstancias similares. Cada vez rechazaba la idea, debido en parte por las creencias cristianas de mi hija. Por un lado pensaba que si ella estuviera viva, hubiera rechazado la idea de un contacto espiritual. Por otro lado creía que si fuera todo falso, la vergüenza y el dolor causarían más daño que antes.

Sin embargo, empezaron a suceder cosas que me hicieron creer que mi hija estaba interviniendo en mi vida en forma positiva, y eso me inclinaba a tratar de hacer contacto. Por fin, después de tres años, programé un encuentro con Jenny. Fue un momento decisivo.

Me acerqué a la puerta de Jenny con un estado de gran desconfianza, pero fui bienvenida en una habitación silenciosa que emanaba paz en todo su interior. El rostro de Jenny irradiaba una luz de serenidad y belleza, y pronto me sentí más tranquila. No hubo trucos ni palabras mágicas; sólo la figura de una mujer honesta, amigable y amorosa quien se encontraba sentada al frente mío. Después de unas palabras de confianza, ella encendió su grabadora, cerró los ojos, respiró profundamente y empezó a hablar en un tono de voz normal.

Desde ese instante el desplome que traía mi vida se detuvo. El contacto, primero con mi madre que había muerto hace diecinueve años, y luego con mi hija, fue claro y absoluto e indiscutiblemente real. Las lágrimas rodaban por mis mejillas y mis ánimos empezaron a cambiar a medida que la autenticidad de prueba tras prueba del contacto con "el otro lado" era presentada enfrente de mi. Todas mis dudas y miedos fueron dejados atrás. No hay palabras para explicar adecuadamente la euforia que sentí en esos momentos, y la que siento hoy en día al saber que ¡sí!, veré a mi hija en el cielo, y que ella es testigo de todo lo que sucede a su familia aquí en la Tierra.

No voy a compartir todos los detalles que Jenny transmitió y que corroboraron la autenticidad del milagro que sucedía ante mis ojos, sólo uno fue muy especial para mi. Es muy personal. Es algo que absolutamente nadie más pudo haber sabido en esos momentos y que hace desaparecer cualquier vestigio es escepticismo que hasta el momento haya surgido.

Yo utilizo una cadena de oro muy delgada con una pequeña cruz de oro colgando de ella. Nunca me la quito. Pertenecía a mi tatarabuela y yo le había dicho a Nicky que algún día iba a ser suya. Cuando me paré al lado del ataúd de mi hija para despedirme para siempre antes de que cerraran la tapa, tome la cruz en mi mano, y en silencio contemple la idea si debía colocarla en sus manos o continuar usándola como prueba de nuestra relación especial. Decidí quedarme con ella, pero en los meses siguientes, siempre pensaba si había tomado la decisión correcta.

El día que visité a Jenny, la cruz que colgaba de la cadena se había escondido en forma extraña detrás del cuello de la blusa que llevaba puesta. Cuando la sesión llegaba a su final, Jenny dijo: "Tu hija me está mostrando algo en sus manos. No puedo ver exactamente qué es. Le estoy pidiendo que se acerque un poco más. ¡Oh!, ya veo. Es una pequeña cruz en una cadena. Significa eso algo para ti?".

En esos momentos había perdido casi la respiración y apenas podía pronunciar palabras. Mi garganta temblaba y saqué la cadena debajo de mi blusa. "¡Sí!", dije. "¡Esta cruz perteneció a mi tatarabuela, y se la iba a dar a Nicky pero no lo hice!".

"¡Ah! Si, tu hija está sonriendo y me dice: "Dile a mamá que lo de la cadena está bien".

Como ve, ahora sé sin duda alguna que podemos contactar a los seres que amamos y hemos perdido. Todavía sufro por mi hija. Todavía la extraño cada día. Todavía siento sus abrazos y escucho su voz. Casi a diario caigo en llanto añorando su presencia. Pero ahora tengo la serenidad de que algún día la volveré a ver.

Mil y mil gracias Jenny por el regalo de mi hija y por el conocimiento espiritual que me has otorgado, así como la confirmación de mi fe cristiana. Te bendigo por el trabajo tan especial que haces.

Judy Print
Agosto 28 de 1996

Agradezco a Judy por su fortaleza, su amor incondicional y gratitud, y me siento privilegiada al compartir su historia que ofrece esperanza y optimismo a muchos padres en pena.

Perdido en el mar

Siempre tengo un sentimiento de agradecimiento cuando el mundo espiritual dirige a las personas a visitarme, especialmente en circunstancias extraordinarias. Este fue el caso de una señora y su hija que conocí en Los Ángeles. El año antes de que las conociera, Rob y yo nos encontrábamos en una gira promocional de mi libro en California, y habíamos parado a dar una charla en el hermoso pueblo de Paso Robles. En ese momento me preguntaba cuál era el verdadero propósito de visitar esa pintoresca población. Después de conocer a las dos mujeres, la verdad iba descubriéndose con facilidad.

Todo comenzó cuando una mujer quien se encontraba de paso en un bus de turismo por esta población, se detuvo en la librería donde yo estaba dando la charla. Ella compró una copia de mi libro *Through the Eyes of Spirit*, y lo leyó mientras viajaba. Luego envió la copia a una amiga en Maui, en las Islas Hawaianas, quien luego lo envió de nuevo a su hermana en Fullerton, California. Ellas localizaron el horario de mi gira en el Internet, y después de una serie de arreglos, había llegado el día de conocer a la madre e hija.

Desde un principio pude observar que ambas tenían un desarrollado carácter espiritual por el resplandor que se reflejaba sobre ellas. Poco tiempo después de iniciar mi concentración, un hombre joven apareció con la intención de comunicarse.

"Yo trabajaba como constructor de barcos", me dijo. "Por favor dígale a mi madre y a mi hermana que mi novia y yo ahora estamos bien".

Cuando comuniqué a las mujeres el mensaje, ambas se abrazaron con sus rostros bañados en lágrimas.

El hijo continuaba diciendo: "Yo construí el bote en que navegábamos. Nos dirigíamos hacia su país, Nueva Zelanda. El bote empezó a llenarse de agua en medio de una gran tormenta, y luego caímos al mar. El agua estaba muy fría y nos ahogamos con rapidez". A pesar de los intentos de rescate, el yate nunca fue encontrado.

Todo esto me produjo escalofrío al darme cuenta que esta reunión había sido planeada por aquel joven en el mundo espiritual para dar alivio a su madre y hermana.

A medida que lloraban y se abrazaban, me decían que ahora sentían que por fin podían cerrar ese capítulo de sus vidas relacionado con el no saber lo que había sucedido ocho años atrás.

En el momento indicado

Había acordado una cita con una mujer llamada Sandy, quien vivía a media hora en automóvil desde mi oficina. Cuando ella venía a verme, había dejado a su perro en la veterinaria para que le cortaran el pelo.

Sandy tenía casi sesenta años, y había venido a verme después de haber enviudado por segunda vez. Durante la sesión descubrí que sus dos esposos habían cometido suicidio. El segundo esposo me dijo que él había sido un alcohólico y que Sandy había encontrado su cuerpo después de quitarse la vida. Él me dijo las palabras exactas que su mujer pronunció cuando lo encontró: "Eres un tonto, ¿por qué has hecho esto?".

Otro mensaje particular en el caso de Sandy fue que ella se iría a encontrar con un hombre llamado "Don John". Sandy dijo no recordar ese nombre durante la sesión.

En su regreso a casa, ella estaba tan absorbida por la información recibida de su esposo, que olvidó recoger al perro de la veterinaria. Luego mientras manejaba su vehículo, apareció un gran carro-tanque enfrente del camino, y esperó el momento oportuno para sobrepasarlo. Al pasar el camión, ella sintió que el chofer la estaba observando como si la conociera.

El camión la siguió por unas millas, haciéndole señales con sus luces varias veces. Finalmente el camión alcanzó su vehículo, lo pasó y el chofer le indicó con las manos que parara al lado del camino. Ella entendió y se detuvo. El hombre salió del camión, se acercó a su ventana y cuando la miró, ella de inmediato lo reconoció. Él era Don John, un viejo conocido. Ella no lo había recordado durante la sesión porque todavía se encontraba en trauma por la muerte de su esposo.

Don agradeció el encuentro y compartió con ella la noticia de que su esposa estaba muriendo de cáncer. Ellos habían perdido contacto por años, y Don estaba agradecido de poder intercambiar números de teléfono y direcciones. También estaba sorprendido de cómo se había llevado a cabo el encuentro. Finalmente Sandy recordó su perro y fue a recogerlo. Luego me enteré de que ella visitó a su amiga un par de veces antes de que ella muriera.

Esto fue otra secuencia de eventos planeados que sólo pudieron haber sido instigados desde el mundo espiritual.

Desde Suráfrica hasta Kauai

Conocí a Carol cuando ella fue guiada por su esposo desde el mundo espiritual para que viajara de Suráfrica hasta la Isla de Kauai, en Hawai, donde me encontraba dando una charla. La historia comienza cuando Carol me envió un mensaje electrónico en agosto 15 de 1998.

> Estimada Jenny,
>   Acabo de leer su libro *Through the Eyes of Spirit*. Uno de mis buenos vecinos me lo prestó. La razón por la cual le escribo es que me he identificado con muchas de las cosas que están escritas allí.
>   Mi esposo murió el año pasado en febrero. He experimentado una visión en mis sueños que tuvo un significado importante. Ayer mi plomero me dijo que también había tenido una visión de mi esposo hace un tiempo y que el mensaje que él quería enviar era acerca de la existencia y belleza de Dios.

Yo mencioné esto a mi vecina y eso la incitó
a prestarme su libro. ¿Sería posible que me
diera algún consejo? ¿Debería estar contenta
debido a la positiva experiencia sabiendo que él
está feliz y en paz? —así fue como apareció en
mi visión—, o ¿debería llevar esto un poco más
lejos buscando ayuda de personas como usted?
Le agradecería mucho si puede responder.
Con mucho aprecio,
Carol

Mi respuesta fue que los comentarios del plomero
eran una declaración acertada y positiva sobre dónde se
encontraba su esposo. Me preguntó qué pensaba sobre
el hecho de que el plomero había sido el mensajero. Res-
pondí que los ángeles aparecen en nuestras vidas en formas diferentes, y a quienes yo llamo "ángeles terrenales".

Creo que el esposo de Carol habló con el plomero al
saber que él poseía las vibraciones correctas para escucharlo, y que luego él pasaría el mensaje a su esposa.

Ofrecí realizar una sesión a larga distancia desde Kauai
y luego enviaría la grabación. También le sugerí que sería
más conveniente contactar un médium en Johannesburgo.

Pero Carol siendo una decisiva mujer de negocios, tenía
otras ideas. Antes de que me diera cuenta, ella y sus dos
hijas de dos y cuatro años de edad, ya estaban volando
para encontrarse conmigo. Les tomó treinta y seis horas de
vuelo para llegar a Kauai. La mañana siguiente Rob y yo
estábamos recibiendo a Carol y a las niñas en su hotel.

Carol tenía unos treinta años y era muy atractiva. Era de estatura pequeña, con bellos ojos azules y cabello rubio que lucía con un estilo varonil. Llevaba puesto un vestido negro sin mangas y zapatos del mismo color. También llevaba una cadena con una cruz de oro en su cuello. Noté la frescura de su apariencia aún después de ese largo vuelo y coloqué una flor de ginger en su cuello, como muestra de bienvenida a la Isla espiritual de Kauai.

Rápidamente nos dirigimos hacia su habitación e iniciamos la sesión. Ambas creímos que era mejor hacerlo de esta manera antes de que comenzáramos a hablar y a conocernos mutuamente. Segundos después, sentí la presencia del esposo de Carol parado a su lado. Sentí un escalofrío en todo mi cuerpo y a su vez emoción.

Al sentarnos para prepararme mentalmente para la sesión, me sentí invadida por un sentimiento de amor casi que abrumador. Ella había venido desde muy lejos y yo deseaba que ésta fuera una experiencia lo más positiva posible. Mi cuerpo se estremeció cuando su esposo se hizo presente. Sabía que él esperaba ansiosamente para comunicarse con Carol.

Él había sido un hombre de negocios y tenía una disposición y personalidad muy agradables, y eso brilló a lo largo de toda la sesión. También pude observar que amaba profundamente a su esposa e hijas. Él habló de su enfermedad debido al cáncer, su pérdida de cabello y, señalando su garganta, me decía cómo había combatido esa adversidad. Su rechazo a ingerir morfina o cualquier otra droga tradicional lo inclinó a recurrir a la medicina alternativa, hasta que tristemente abandonó el plano terrenal. Su cáncer era incurable. Él acostumbraba a hablar de su situación con un colega del trabajo.

Luego me dio detalles de su casa en Johannesburgo, mostrándome una fotografía de donde vivían a las afueras de la ciudad. Me contaba qué maravilloso había sido su vida allá junto a los pavos reales y otros animales que tenían. Habló de que él escogía la vestimenta de su esposa y de cómo disfrutaban viajar juntos.

Yo estaba complacida con la comunicación a medida que pronunciaba su nombre, Anthony, y mencionaba que su madre se encontraba con él en el mundo espiritual.

Escuchar el nombre de su esposo fue una confirmación valedera para Carol. Cuando abrí mis ojos enfrente de ella, vi cómo sus lágrimas rodaban por sus mejillas.

Lo más importante fue cuando Anthony me dijo que comunicara a su esposa que él se encontraba en paz, que siempre la amaría, al igual que a las niñas, y que siempre cuidaría de ellas.

Durante su estadía en Kauai, Carol tuvo la oportunidad de asistir a una de mis charlas y de conocer a otras agradables personas. Creo que la experiencia fue benéfica, como lo muestra la carta que recibí después que ella retornó a Johannesburgo.

La carta de Carol

Estimados Jenny y Rob,

¿Cómo podría agradecerles por todo su amor y amabilidad durante nuestra visita a Kauai? Todo se encuentra en orden y armonía divina. Qué experiencia tan vigorizante y sanadora. He aprendido bastante; he resuelto muchas cosas. Regresé muy cansada pero a su vez emocionada por la vida que me espera más adelante, y de la forma diferente en que la enfrentaré. Qué hermoso regalo he recibido. Muchas gracias.

Con amor,

Carol

Johannesburg

Desde nuestro encuentro en agosto del 98, Carol construyó una capilla en su propiedad en memoria de su amado esposo. Estoy segura que ella fue guiada con ese propósito después de haber escuchado el mensaje de Anthony sobre la belleza y la existencia de Dios.

Claro y conciso

La siguiente historia la encuentro muy interesante porque prueba una vez más que el mundo espiritual de veras lee lo que escribimos. Ellos pueden ver sobre nuestros hombros, y cuando menos lo esperamos, recibimos ayuda con las metas y afirmaciones colocadas por escrito.

El día que conocí a Caroline para llevar a cabo una sesión en privado, ella había estado escribiendo una carta para su compañero en el mundo espiritual. Él había muerto hacía poco después de sufrir una larga enfermedad. Aún cuando luchó por recuperarse, era su momento de partir.

Una de las cosas que Caroline resaltaba en su carta era la posibilidad de una clara comunicación. Ella lo reprendía por su partida y reiteraba su deseo de una convincente comunicación de su parte. Aparentemente su amado tenía una conciencia espiritual desarrollada, y eso la hizo pensar que un médium podría ayudar a conectarlo.

Pocos instantes después de iniciar la sesión, sentí un fuerte latido en mi corazón. Supe que él estaba presente y que había muerto de un múltiple ataque al corazón. Luego algo extraordinario sucedió. Fue como si mi boca se hubiera abierto en forma involuntaria y el nombre "Boom" salió volando de ella. 'Carolina se enderezó en su silla y, con lagrimas en su rostro' dijo que ese era el sobrenombre de su compañero.

Dijo también en su carta que si él lograba una comunicación por medio de un médium, debería utilizar esa palabra para probar su presencia. Esto fue suficiente para Caroline y muy pronto Boom se encontraba enviando mensajes. En verdad fue difícil seguir su constante charla. Su comunicación fue excelente, con muchos detalles e importantes mensajes que impactaron a Caroline. Hubo momentos en que no sabía si llorar o reír.

Boom fue muy claro en su mensaje: "Quiero que continúes con tu vida y que seas muy feliz".

Él continuaba diciendo: "Yo estoy bien y feliz, y quiero que tu estés igual".

Boom necesitaba comunicar que él se encontraba bien, y una vez sintió que ella había entendido el mensaje, la comunicación perdió intensidad. Cuando terminó la sesión, supe que Caroline había recibido la prueba correcta de vida después de la muerte. Luego agradecí a mis guías espirituales por permitir que Boom realizara una clara comunicación.

Los espíritus pueden escuchar

Así como ellos pueden leer en el mundo espiritual, también pueden escuchar sonidos de nuestro mundo. Cuando conocí a Sheryl, su compañero había muerto recientemente en un accidente automovilístico. Ella tenía como veintidós o veintitrés años y habían estado saliendo por casi un año antes de su muerte. Era una pareja muy agradable y estaban enamorados.

Agradecí en el nombre de Sheryl que Mike pudo hacerse presente para afirmar su estado de paz, gloria y perfección en el mundo donde ahora se encontraba. Mientras hablaba con Mike en mi mente, sentí una distracción afuera, como un auto de carreras acelerando a alta revolución. El sonido era un poco estruendoso, y empezó a molestarme segundos después. Ya me alistaba para mirar a través de la ventana para ver quien hacía semejante ruido, cuando Mike me susurró al oído: "De veras me gusta el sonido de ese auto; trae felicidad a mi corazón".

Por un instante pensé por qué él se había tomado tanto trabajo para decirme que había sido un conductor de autos de carreras. Luego reí con Sheryl a medida que todo se hacía más claro. Él nos hizo reír cuando dijo: "Aquí en el mundo espiritual no tenemos teléfonos que nos molesten", y en ese preciso instante, el teléfono celular de Sheryl sonó.

Mike dijo que cuando ocurrió el accidente, su último pensamiento cuando cruzaba al otro mundo fue de Sheryl. Él agradecía por haber experimentado el verdadero amor antes de morir. Ella se sintió muy reconfortada al escuchar lo que él decía, y por saber que se encontraba en paz en su nuevo hogar. Estoy segura que su mensaje la ayudará a restablecer su vida y a seguir adelante.

El universo unido

Al viajar, siempre tengo la oportunidad de conocer personas de muchos países y es agradable trabajar con culturas diferentes. En ocasiones si la persona no habla inglés durante la sesión, ellos utilizan un intérprete. Una mujer que vivía en California, vino a visitarme con su madre que venía de México. Su nombre era Margarita. La interpretación de la sesión fue en forma perfecta. Muchos parientes de Margarita habían muerto, pero ella tenía especial interés en comunicarse con su esposo e hija. Su esposo apareció rápidamente, dándole detalles sobre un anillo que ella había perdido en días pasados. Cuando él continuaba enviando mensajes sobre otros familiares que habían fallecido, los ojos cafés de Margarita se agrandaban y llenaban de lágrimas.

Luego el espíritu de su hija se hizo presente. La emoción que causó en Margarita se tornó en una pequeña oración que ella repetía a medida que recibía mensajes.

Margarita se encontraba triste debido a que no tenía una buena relación con la nueva esposa de uno de sus hijos. Como resultado, el trato con su hijo se veía afectado. El mensaje recibido le informaba que con el tiempo las relaciones irían a mejorar entre aquella mujer y el resto de la familia.

Luego dije: "Escucho el nombre de Blanca", y Margarita confirmó que se trataba de su tía.

Esta experiencia fue extraordinaria, sobretodo cuando una persona que habla un idioma diferente, responde con voz de felicidad después de haber recibido el mensaje. Otra mujer se identificó con el nombre de Luisa, a lo cual Margarita abrió sus brazos al cielo gritando: "Mamá, mamá".

Lo anterior me confirma que todos somos una unidad en el universo, y cuando los espíritus desean comunicarse, ellos encuentran la forma de hacerlo aún cuando existan barreras idiomáticas.

La hermana de Joan

En ocasiones, cuando los espíritus buscan comunicarse con sus seres queridos, me visitan a través de los sueños. Allí siento una fuerte presencia y, a veces, me hablan dándome su nombre. Por lo general los escucho como susurrándome al oído. Ellos se mantienen cerca esperando hacer la vital comunicación.

Recuerdo a una mujer que vino a mis sueños desde el mundo espiritual. Su nombre era Ilene. Ella dijo que yo conocería a su hermana el día siguiente y que "Joan se encuentra en mal estado".

Pude ver a Ilene claramente; ella era de baja estatura, con bastante peso, de cabello oscuro y ojos azules, y parecía tener unos cuarenta y algo años.

Ella me habló en un tono suave y sereno. Su voz parecía casi surrealista y se transmitía con una maravillosa vibración. Me pidió que comunicara el mensaje a su hermana el día siguiente, lo cual yo acepté.

Por lo general el espíritu aparece durante la sesión con el interesado. Pero en situaciones cuando aparecen en mis sueños, les digo que ese no es el momento indicado y que deben esperar hasta el día siguiente.

Ilene continuó diciéndome que su hermana estaba pasando por un período muy difícil en su vida, que ella iría a recibir ayuda para encontrar el camino correcto ahora y a través de su vida. El mensaje de Ilene fue corto pero conciso.

Cuando vi a Joan la mañana siguiente, parecía como si hubiera perdido el interés en su vida. Me sorprendía al ver que al menos había tenido energía para levantarse de la cama, vestirse y venir a verme. Ella se encontraba en muy mal estado emocional y físico, y la luz de su alma apenas alumbraba.

Muy pronto sentí la presencia de su hermana Ilene. Mencioné que ella deseaba comunicarse desde el mundo espiritual y Joan quedó sorprendida. "¿Está bromeando?, dijo. "Si, yo tengo una hermana llamada Ilene en el mundo espiritual. Ella murió antes de que yo naciera, y aunque nunca nos conocimos, siento como si la conociera muy bien".

A veces es difícil entender que aunque no se conoció la persona antes de morir, el espíritu tiene la capacidad de oír y escuchar claramente. Quizás nos hemos conocido en el reino espiritual, o hemos sido conectados por medio de los sueños, pero aún eso, no podemos recordar el encuentro. Cuando nos relacionamos genéticamente con un espíritu, ellos cuidan de nosotros a medida que crecemos. Yo llamo a estos espíritus nuestros colaboradores.

Muchas veces la muerte de una persona coincide con un nacimiento —el final y el comienzo sucede simultáneamente—. Ilene murió antes del nacimiento de Joan, y ha observado su crecimiento desde el mundo espiritual.

Ilene había sido designada como el Ángel guardián de Joan desde que nació y ambas se conocían a ese nivel, pero nunca en el marco físico.

Todos tenemos ángeles guardianes y colaboradores que nos cuidan. Los ángeles guardianes y los guías espirituales son la misma entidad, pero individuos de carácter religioso se inclinan por lo primero.

La visita de Ilene reiteró el mensaje que nunca debemos ignorar, aún en momentos de crisis, que somos protegidos y ayudados por seres superiores, aún cuando no lo percibamos.

El espíritu de un bebé regresa a su familia

Por muchos he estado convencida que cuando un bebé muere, su espíritu puede regresar o reencarnar rápidamente como miembro de la familia. En algunas ocasiones la madre puede reconocer el espíritu del bebé que perdió con anterioridad. Cuando el bebé muere debido a nacimientos prematuros o situaciones similares, su espíritu permanece alrededor de su madre por algún tiempo. Esto es debido al deseo del bebé de retornar a la familia donde percibe amor y aceptación.

La siguiente es una nota interesante que recibí de una enfermera obstetricia llamada Susan a quien había conocido en Kauai hacia unos dos o tres años. Ella había perdido a su bebé hacía varios años, y ahora creía que el espíritu de su bebé había reencarnado en su familia a través de la esposa de su hijo. El nombre de su nieta era Malia, y ella la consideraba un bebé milagroso.

Estimada Jenny,

Espero poder transmitirle mi emoción por medio de esta nota. No he podido encontrar su grabación, pero aún recuerdo algunas de las cosas que me informó cuando la consulté hace un par de años en Kauai.

Recuerdo tres cosas en particular a raíz de nuestra entrevista. La primera fue cuando me dijo que me preocuparía por uno de mis hijos. Usted indicó de quien se trataba y también me comunicó que no me preocupara porque todo iría a salir bien. La segunda fue que tendría una nieta quien se convertiría en una persona muy cercana a mí. Y por último, que yo la iría a reconocer de inmediato como el espíritu del bebé que perdí en forma prematura.

Si recuerdo las fechas con exactitud, debería llevar un diario, mi hijo estaba a punto de casarse cuando tuve esta consulta. Seis meses antes de la boda, su futura esposa fue diagnosticada con multiplo-esclerosis. Fue una situación difícil, pero no hubo duda de que sus vidas estaban atadas. Ellos habían sido novios por más de cinco años. La tristeza me abarcó, por supuesto, al saber que mi hijo tenía una condición física muy atlética y que ella por el contrario iba a ver como su cuerpo perdería vitalidad. Pero al verlos juntos, no había duda del gran vínculo amoroso que los unía. Ellos lidiaron la situación de gran forma, y la familia de Verónica veía a mi hijo como un Ángel de la guarda para su convaleciente hija.

En octubre 5 de ese año nació mi nieta de esa unión. Durante su embarazo, mi nuera fue admitida en la clínica dos veces para monitorear el crecimiento del bebé y prevenir problemas durante el parto. Ambas veces recuerdo que durante mi espera en el hospital, rezaba a mi pequeña bebé que había perdido llamándola por su nombre, Malia. Yo la regañaba y le decía que todavía no era el momento de llegar; que tenía que esperar un poco más. El bebé nació prematuramente cuatro semanas y media, pero gracias al cuidado que había recibido, fue capaz de ir a casa con apenas un poco más de cuatro libras de peso.

Esa mañana hablé con mi hijo y le dije que finalmente había hecho reservaciones para visitarlo hacia el fin de mes. No lo había hecho antes porque algo me decía que si hacía planes con anterioridad, el bebé nacería prematuramente. Ese día sentí que era el momento indicado y que si el bebé nacía ahora, iba a sobrevivir su pronta llegada. Seis horas después de que hice mi reservación, recibí la noticia de mi hijo de que la bebé había nacido.

Ian, mi hijo, me dio detalles del parto por teléfono. Primero que había sido una niña. En mi mente pensé "tal y como me lo dijo Jenny". Luego me dijo cuánto pesó y el nombre que le habían dado. Mi primera nieta había sido llamada Malia Renee. Mi hijo sabía que habíamos perdido un bebé justo después de su nacimiento, pero no recuerdo haberle dicho cuál era su nombre.

Aún cuando no recuerdo haberle dicho el
nombre, pude haberlo hecho tiempo después y
haberlo olvidado. Ese pensamiento fue refu-
tado tan pronto llegué a Alburquerque, Nuevo
México, a visitar a mi nieta.

Ian me pidió que le contara la historia a su
esposa. Yo le había contado todo por teléfono,
pero no estaba segura cómo Verónica iba a
reaccionar. Luego me enteré que ella había
escogido el nombre de la bebita. Cuando ellos
estuvieron de visita en Kauai durante su embarazo, habían visto una señal con el nombre de
la calle donde vivía. El nombre era Malia, y
pensaron que era un bonito nombre. No se
imagina lo asombrada que quedé al enterarme
ya que yo había visto la misma señal cuando
nombré a mi hija.

La familia de Verónica tiene un poco de problemas al pronunciar el nombre. Ellos son de origen hispánico. Cuando les expliqué que era sólo
como cambiar la letra "R" de "María", por la
letra "L", no tuvieron problema para recordarlo.

Espero que haya disfrutado de esta pequeña
nota. Esto me ha dado una nueva perspectiva
en mi vida, así como de todos aquellos que me
rodean.

Con mucho amor,
Susan

Estoy muy agradecida con Susan por haber compartido su historia. Estoy segura que Malia ha retornado a
la familia para brindarles el alivio que se merecen, amor
y felicidad.

8

La negatividad
del suicidio

¿No te diste cuenta cuando te quitaste la
vida que yo iba a ser asediada con la pregunta
"por qué"?

¿Pudiste ver la culpa desconocida que ator-
menta mi mente a medida que lucho con mi
conciencia cada día?

¿Que al ganar tu libertad me encarcelaste
en mis tortuosas emociones?

¿Y reconoces que la paz que has ganado me
ha traído malestar?

Affirmations For Life
—Judith Collins

*E*n mi primer libro mencioné las consecuencias
que enfrenta el alma después de que el individuo
ha cometido suicidio. Nunca es la decisión correcta
alterar al karma, como en los casos donde las personas se quitan la vida. Al hacerlo, el espíritu altera su
destino obligándolo a regresar a la Tierra cuantas
veces sea necesario para trabajar con sus propios kar-
mas. El alma es incapaz de escoger el reino donde desea

ir, pero será guiada al lugar que es más apropiado en el momento de morir. Después del suicidio el alma presencia su vida al frente de sus ojos, descubriendo que todavía hay demasiado por aprender y grandes lecciones por superar.

Al final, cada alma encontrará el amor de Dios y paz en el mundo espiritual.

En algunos casos la tragedia del suicidio puede ser evitada cuando aquellos en busca de ayuda son guiados a la realidad donde pueden abrir canales de comunicación con las personas más significativas en sus vidas.

Las estadísticas muestran que la gran mayoría de suicidios son cometidos por jóvenes adultos. Es necesario dedicar más tiempo, energía, entendimiento y recursos por parte de la sociedad para ayudar a estas personas en momentos de depresión y desespero. Vale la pena decir que muchas de estas características afectan individuos de todas las edades que intentan suicidarse, y la prevención tomada en la juventud, puede ser aplicada para todos los casos.

Hace poco conocí a una mujer cuyo único hijo había cometido suicidio. Ella presumía que su hijo era feliz y emocionalmente balanceado. Sólo tres semanas antes de su muerte, su mejor amigo se había suicidado. La mujer pensó que no había tenido la suficiente capacidad para transmitir entendimiento y simpatía a su hijo en pena, y se preguntaba si hubiera podido alterar el destino de su hijo demostrando más atención sobre la pérdida de su amigo.

Por desgracia, muchos padres quedan con complejo de culpabilidad y remordimiento después del suicidio de un hijo. Después del impacto inicial, una serie de preguntas sin respuesta toma lugar en sus mentes.

En muchos casos, la razón del suicidio permanece como un misterio, aún cuando la mayoría de las víctimas eran queridas y amadas por sus familiares y amigos. La causa de la muerte es por lo general no relacionada a la educación recibida o la actitud de los padres.

Cuando un joven contempla la posibilidad del suicidio, por lo general no hay indicación de la tristeza que están sintiendo, y a nivel externo presentan un comportamiento más bien jovial. En realidad, ellos están calculando en estos momentos dónde y cómo quitarse la vida. Su paciencia es muy importante cuando las dificultades pueden surgir debido a la separación, aislamiento y rechazo de ayuda que ellos experimentan.

He conocido muchos jóvenes con el sentimiento de que han perdido la razón para vivir; unos se sienten solos y deprimidos, otros creen que no hacen parte de la sociedad y les es difícil establecer amistad. Algunos encuentran dificultades para conseguir trabajo o desarrollar una relación íntima estable. Hay muchas situaciones adjuntas a sus estados de depresión: falta de amor, rechazo, humillación, rabia o desilusión.

Creo que la juventud está en busca de un mayor entendimiento y conciencia espiritual; una conciencia que los guiará en la ruta del amor. Este nuevo entendimiento les ayudará a enfocar y atraer energía positiva en sus vidas. Escucharlos, cuidarlos y enseñarles el arte de la meditación en sus momentos de necesidad, inevitablemente los guiará hacia el sendero espiritual.

Cada individuo tiene la libertad de tomar sus propias decisiones. Si la juventud se desvía de su camino debido a los abusos del alcohol y las drogas, la capacidad de juzgar puede ser alterada llevando consigo funestas consecuencias. Experimentar con drogas o alcohol no es el camino a un corazón feliz; por el contrario, puede atraer pensamientos y acciones negativas en contra de la persona.

Al ingerir sustancias, el individuo pierde el control; sus acciones dejan fuera de guardia a sus emociones, permitiendo la apertura del chakra de la cabeza, la cual es la base de la comunicación. En el momento de apertura, el sujeto puede tener un cambio instantáneo de personalidad, pasando de un estado pasivo a uno agresivo y violento en muy poco tiempo.

Fuerzas negativas de planos inferiores esperan para controlar los sentimientos causados por la intoxicación, y pueden penetrar el cuerpo hasta dominar la personalidad. Estas entidades son espíritus que no han podido evolucionar. Ellos pudieron haber tomado el camino incorrecto cuando estaban en el plano terrenal y, después de muertos, no han alcanzado planos concientes superiores.

Cuando estas entidades se hacen presentes, el joven puede escuchar voces que lo incitan a quitarse la vida. Aún cuando la voz es inconsciente, puede parecer muy real. En estas situaciones las personas son diagnosticadas como esquizofrénicas, pero creo que son psicópatas fuera de control. También pueden escuchar clarividentemente, pero no tienen conocimiento de lo metafísico o lo sobrenatural, o cómo protegerse a sí mismos.

En una oportunidad recibí a una joven cuyo hermano se había suicidado. Según ella, su hermano era una persona feliz. Un día, después de que él había estado bebiendo, le dijo a su hermana que iría por su billetera al auto. Al lado de la billetera había una pistola que usaba como protección. En lugar de tomar su billetera, tomó el arma, la apuntó a su boca y disparó. Su hermana lo encontró muerto momentos después.

Antes de contemplar el suicidio, las personas pueden experimentar períodos negativos en sus vidas. Estas situaciones difíciles son creadas por lo general para probar la fe de las personas, y han sido escogidas antes de regresar al plano terrenal después de una vida anterior.

Los budistas aceptan las pruebas dolorosas y retos en la vida; ellos creen que enfrentar la adversidad ayuda al individuo en su crecimiento espiritual. Cuando estos retos son superados, se adquiere conocimiento y fuerza como resultado de esas lecciones y experiencias. Una vez evaluadas las lecciones, la vida tomará de nuevo un curso de felicidad al haber restaurado el sentimiento de logro y satisfacción.

Durante los momentos de desesperación, la fe en Dios puede mostrarse por medio de la oración, la cual puede venir de lo más profundo de su corazón. El poder de la oración le permite confiar en su guía interno y crea un estado de paz para contrarrestar los sentimientos de depresión en el alma del individuo.

Cuando un joven es guiado hacia su verdadero propósito, su vida toma un curso positivo. Uno de los mayores placeres de la vida puede estar relacionado con los servicios prestados a la sociedad en forma voluntaria, o trabajando para organizaciones que ayudan a las personas.

Servir a la humanidad trae consigo muchos beneficios desde el mundo espiritual y son ofrecidos en diferentes circunstancias. Por ejemplo, podría conocer un gran amigo, un socio, encontrar una nueva ocupación, obtener mayor sabiduría y entendimiento espiritual, o recibir amor y paz interior, lo cual es indescriptible.

Recomiendo especialmente que colabore como voluntario a doctores, psicólogos, consejeros espirituales, naturalistas o a aquellos que prestan ayuda a personas con intenciones de suicidio. Trate de abrir el camino para aquellos que no encuentran la salida. Vivir con alguien en estado de depresión puede ser una de las experiencias más difíciles; tanto la medicina ortodoxa como la alternativa puede ayudar a la persona a cambiar su estado emocional.

Las siguientes historias son de personas que decidieron quitarse la vida. En cada caso, ellas fueron amadas, respetadas y apoyadas por sus familias.

Stephanie

Cuando Stephanie y su esposo Brian vinieron a verme, habían perdido a su hijo Colin a causa del suicidio. Colin estaba tratando de resolver algunos problemas con un amigo antes de su muerte, y se sentía trastornado y confundido. La policía lo había arrestado por una ofensa menor y lo había detenido en una celda de la estación. Sabiendo que su hijo se encontraba en un estado de depresión, su familia pidió a la policía que lo dejara en libertad.

Colin había telefoneado a su madre momentos antes del arresto. Su estado era alterado y su familia temía por su seguridad. Después de varios intentos por explicar la delicada situación, la policía optó por ignorar a la preocupada familia. Aún en medio de la discusión, Colin ya estaba intentando quitarse la vida. La policía lo encontró poco después, pero él murió cinco días más tarde en la unidad de cuidados intensivos.

Yo no tenía conocimiento de todo esto cuando inicié la sesión con la madre de Colin, pero a medida en que me concentraba, sentí la intensidad del amor que aquel joven profesaba por su madre.

Así comencé mi relato:

"Siento el espíritu de un joven sentado detrás de usted, Stephanie".

"Sí".

"¿Tiene un hijo en el mundo espiritual?".

"Sí".

"Siento como si no pudiera respirar. Siento como si tuviera algo alrededor de su cuello".

"Sí".

"Siento confusión alrededor de su hijo. ¿Él murió a causa de un accidente?".

"No, no exactamente. Él se quitó la vida. Se colgó del cuello en una celda de la policía".

"¡Oh Dios! Debido a su estado confuso antes de morir, nuestra comunicación es un poco difícil. Debo intentar un poco más para ver si su hijo está listo para establecer una clara conexión".

"Él se está acercando un poco más ahora, y está hablando sobre la policía que estaba de turno la noche de su arresto. Su hijo me está diciendo que él se siente muy arrepentido por haberse quitado la vida y por el dolor que le ha causado a la familia".

A medida que escuchaba, quería estar segura de que estaba escuchando y transmitiendo los mensajes de Colin con exactitud. También buscaba prueba de la conexión con su madre.

"Puedo ver dos mujeres de edad paradas al lado de su hijo. Una de ellas es su madre".

"Sí".

"Ella me dice que tuvo problemas de circulación cuando estaba viva, y le agradece por ayudarla. También me dice que usted es una enfermera. ¿Es eso cierto?".

"Sí".

"Su madre me está mostrando una foto en un álbum familiar de su hermano gemelo y su hermana. Ella está riendo por el parecido entre su hermana y su nueva nieta".

"Sí". Stephanie respondió de inmediato.

"Su madre dice también: 'Por favor dile a Stephanie que también tenemos a Gordon con nosotros en el mundo espiritual'".

Stephanie soltó una exclamación.

"Oh, sí. Gordon es mi hermano que murió cuando era pequeño".

"Su madre sigue diciendo: 'Yo sigo cuidando a tu padre. Él es todavía muy guapo, y veo que sigue usando su chaqueta verde. Yo iré a recibirlo cuando llegue su momento de abandonar el plano terrenal'".

Stephanie rió en voz alta y dijo: "Mi padre adora esa chaqueta, y sé que te extraña demasiado".

Sentí que la comunicación de hacía más fácil a medida que la energía vibracional de la habitación se incrementaba.

"Colin me dice que hubo una muerte en la familia cerca a un nacimiento".

"Sí".

Le pedí a Stephanie que esperara un momento mientras clarificaba el mensaje.

Colin continuó. "Mi muerte fue cercana al nacimiento de mi sobrina".

Los ojos de Stephanie se llenaron de lágrimas al confirmar que la hermana de Colin había dado a luz el día de su funeral. El bebé nació a las 7:00 A.M. y el funeral de Colin fue a la 1:00 P.M. Después del parto, la hermana de Colin asistió al funeral.

Lo anterior me dejó sorprendida, y reitera que en algunas ocasiones el momento de la muerte y el nacimiento en una familia puede estar muy cerca. Después de escuchar este mensaje, sentí que la llegada de la nueva nieta había traído mucho amor y alivio a todos en la familia. Parecía casi imperativo que el mundo espiritual hubiera enviado este pequeño ángel con intenciones definidas.

En situaciones extremas de tristeza, tengo que contener mis propias emociones debido a que estoy expuesta al dolor que abarca a la persona y al espíritu al mismo tiempo. Si rompo a llorar junto a ellos, debilitaría la conexión con sus seres queridos. Es necesario apartarme emocionalmente de la situación para poder escuchar los mensajes de alivio provenientes del mundo espiritual.

Colin se acercó una vez más y pude verlo tocándose su nariz.

"Su hijo se está tocando la parte derecha de su nariz, señalando una cicatriz".

"Si, él tenía una cicatriz a causa de un accidente automovilístico", dijo su madre.

"Me dice que él sabe sobre la banda musical de su padre, y que él está tratando de contactar a los viejos miembros con los que él tocaba hacía treinta años".

"Si, eso es verdad".

"Por favor, dile también a papá que yo lo visito a menudo cuando él está tocando su órgano electrónico. Siempre me gustaba sentarme a su lado, bajo el árbol de ciprés a orillas del río, para mirar el riachuelo que pasa por nuestra propiedad".

"Sí. Ellos disfrutaban mucho su tiempo juntos".

Colin agregó: "Me gusta ayudar a papá en su taller. De vez en cuando aparezco para verlo trabajar con sus aviones. Yo sé que él siente mi presencia en el taller".

"Si, su padre es un ingeniero y trabaja con aeroplanos".

"Colin también me está diciendo que a él le gusta los cambios que usted ha hecho en la casa, y que su casa brilla cuando es vista desde arriba".

En ese momento apareció una mujer llamada Helen, diciéndome que era la tatarabuela de Colin.

Stephanie lo confirmó. "Si, Helen es la abuela de mi esposo".

Ella desea decirle a la familia que todo está bien en el mundo espiritual.

Colin luego agregó: "Por favor dile también a mi hermano que estoy muy sorprendido por la canción que él escribió y grabó para mí. Quiero enviarle mi amor y mi gratitud".

—He descubierto que cuando las personas sufren de este tipo de tragedias, se sienten inclinados a escribir canciones y poesía—.

Pude darme cuenta que Colin había sido un joven muy sensible y de carácter espiritual, y que él estaba intentando con todas sus fuerzas para asegurarle a su madre y a su familia que ahora se encontraba en paz en el mundo espiritual. A medida que la conexión se debilitaba, él envió su amor eterno a su madre, padre y familia. Debido al fuerte amor entre madre e hijo, mi trabajo de comunicarme con su espíritu fue mucho más fácil.

Cuando Stephanie se dirigía hacia la puerta, suspiró con alivio. Ella sintió que el amor de su hijo le daba la fuerza suficiente para continuar con su vida.

Unos meses después de haber tenido el privilegio de hablar con Stephanie, me envió una copia de la canción que su hijo David había escrito en honor a su hermano. Junto a ella anexó esta pequeña nota:

> Gracias Jenny por el amor y esperanza que das a tanta gente en desespero. Mucha suerte con tu nuevo libro. Estoy segura que muchos se sentirán bendecidos con la lectura.
>
> La charla que tuvimos fue también de mucha ayuda para mi familia después de la trágica muerte de nuestro hijo Colin. El suicidio nos deja con tantas preguntas sin respuestas para quienes quedamos atrás.
>
> Es de gran alivio saber que la vida en realidad no termina con la muerte, y que algún día nos encontraremos otra vez.
>
> Lo mejor para ti;
> Stephanie

Louise

Una comunicación intensa con el mundo espiritual puede hacerme sentir un poco extenuada. Después de mi sesión con Stephanie, tenía planeado una reunión con una mujer llamada Louise, quien parecía preocupada cuando hablé con ella por teléfono. Aún cuando estaba cansada, sentí que Louise tenía la necesidad de comunicarse con el mundo espiritual.

Ella tenia unos cincuenta años, y su bello rostro mostraba amor y cordura. Sus ojos eran grandes y azules, y parecía llevar una tristeza muy grande en su interior. Louise mostraba la tensión causada por el suicidio de su única hija. Jane tenía veinticuatro años cuando murió, y había dejado dos hijos; una bebé y un pequeño de ocho y dieciocho meses respectivamente. Ellos ahora estaban a cargo de Louise. Más adelante durante la sesión me enteré que la muerte de Jane había sido sólo el principio de una serie de tragedias en la vida de Louise.

En el momento de la muerte de su hija, Louise y su hijo de trece años Joe, se encontraban formando parte de la tripulación de un bote velero en aguas inglesas. Normalmente durante esta actividad, ella se levantaba temprano para dedicarle un tiempo a la lectura. Una mañana se despertó sorprendida debido a que experimentó una visión donde su hija, quien vivía en Nueva Zelanda en esos momentos, apareció con su largo cabello rubio moviéndose sobre sus hombros. Tres días después la Interpol contactó a Louise para darle la triste noticia del fallecimiento de su hija.

Descubrí que su hijo Joe también había muerto, y junto a él se encontraba sentado un perro labrador de color negro. Parecía que el perro había sido muerto por un disparo al frente de la casa de Louise, y dos días después de su misteriosa muerte, la casa se había incendiado.

Todo el dolor que Louise albergaba en su interior me hizo estremecer. La noche del incendio ella había escuchado a su hijo salir. Más tarde fue despertada debido a la falla eléctrica que había causado el fuego, teniendo apenas tiempo suficiente para escapar con sus pequeños nietos.

Después que terminamos la sesión, me dijo que durante esa tragedia ella y sus dos nietos habían observado cómo la casa era consumida por las llamas, pero eso, así como la pérdida de sus bienes materiales, no importaba. Lo único que en realidad valía la pena era la seguridad de sus niños. Ella no sabía que su hijo había retornado y que en ese instante él estaba dentro de la casa. Los bomberos trataron desesperadamente de entrar para salvarlo, pero ya era demasiado tarde. Si el perro hubiera estado vivo, quizás los habría alertado con sus ladridos.

El joven se identificó susurrándome al oído como Joe Russell. Cuando estaba vivo, siempre dijo a su madre que él pensaba que no iba a vivir más de veinticinco años. Me dijo que su abuelo John Alfred había venido a recibirlo para llevarlo al otro lado. También dijo alegremente que su madre tenía una foto de él que había sido tomada durante un matrimonio dos días antes de su muerte. La madre original de Louise hizo su aparición en el mundo espiritual. Aún cuando ella había sido adoptada cuando tenía sólo siete meses de edad, sentía que conocía y podía recordar a su verdadera madre. Jane se presentó y me dijo que Peter estaba con ellos. Louise colocó las manos en su boca diciendo que Peter era el hijo de su hermana y que había partido cuando era niño. Dije que podía ver un pájaro blanco —parecía una paloma— volando alrededor de los niños en espíritu, a lo cual Louise contestó que siempre había querido tener un pájaro blanco. Quizás era la paloma de la paz enviada desde el mundo espiritual.

Jane prosiguió diciendo que ella y su hermano tenían padres diferentes; que su padre estaba en Australia.

Ella me dijo: "Mi padre necesita un buen empujón".

Louise reconoció que el padre de Jane había contribuido a los problemas de su hija.

Jane dijo: "Estoy tan contenta que mi madre ahora está a cargo de mis hijos. Ella es una enfermera, usted sabe".

Luego Jane me dijo al oído: "Mi madre es maravillosa, y estoy muy feliz de estar aquí con mi hermano, en forma espiritual. Por favor dile a mi madre que sentí remordimiento por haberla dejado sola con mis niños, pero ya no podía más".

Pregunté a Jane cómo se había quitado la vida, pero ella no quiso entrar en detalles. Nunca puedo extraer información de los espíritus, ellos siempre la ofrecen en forma voluntaria, y sólo sucede cuando están listos para hacerlo.

Debido a que Louise era una persona espiritualmente desarrollada y receptiva a los mensajes provenientes del más allá, supe que no tendría ninguna dificultad para tener conversaciones con sus hijos. Sentí que tenía la habilidad de hacer contacto con ellos, y que Jane siempre estaría cerca cuidando de sus hijos.

Louise afirma que ha ganado mucha fuerza y sabiduría como resultado de sus tragedias. Ella perdió a sus dos hijos, pero ahora estaba a cargo de sus dos nietos. Ella dice a la gente que es correcto llorar abiertamente, y que a menudo toca el cabello de su hija en las fotografías. Sé que ha perdido una gran parte de su corazón y que nunca se recuperará totalmente del trauma causado por la muerte de sus hijos.

Se necesita mucho valor y coraje continuar viviendo después de sufrir tanta adversidad y siento mucho respeto por la determinación y actitud positiva que Louise ha demostrado. Ella va a ayudar a muchos en situaciones similares, y estoy segura que el mundo espiritual seguirá dándole amor, alivio y coraje para conquistar cada día. Ella nunca ha perdido su fe en medio de tanta tristeza y espero que siempre sea bendecida el resto de su vida.

Donna

A menudo percibo sentimientos abrumadores cuando estoy esperando a un consultante. Antes de mi charla con la persona siento algo de ansiedad, y cuando esto sucede, es una señal de que el espíritu tiene deseos de hacer contacto. Esto me sucedió cuando vi a Donna en enero 6 de 1998. Cuando ella atravesó la puerta, quedé inmediatamente impresionada por la nube de dolor que traía sobre su cabeza.

La charla había sido programada para las 10 de la mañana, y a tempranas horas de ese día, la policía la había despertado para informarle que su tío se había suicidado.

Para Donna, su tío había sido como un padre, y por mucho tiempo había vivido al lado de su casa. En el momento en que su cuerpo se encontraba en la funeraria, milagrosamente fue capaz de comunicar varias cosas durante la sesión. Primero, descubrí que se había quitado la vida con un disparo al corazón.

Él sabía que no era correcto alterar el curso del karma y había hablado varias veces sobre el asunto con su sobrina. Cuando ella escuchó la noticia de su muerte, buscó por toda la casa la copia de mi primer libro y leyó una vez más acerca del suicidio.

Aunque la comunicación fue difícil en un comienzo, él mencionó que había estado divorciado dos veces, y habló de los hijos de Donna, de su sobrina en segundo grado y de su sobrino. Él me mostró varias rosas rojas muy bellas que quería regalarle a ella.

También pude ver un sacerdote parado al lado del tío de Donna en el mundo espiritual. Ella me dijo que su tío acostumbraba a hablar mucho sobre espiritualismo y religión. El sacerdote que percibía vestía una manta larga de color dorado y llevaba puesto un sombrero en forma de pirámide. Tuve la sensación que su tío había llegado a un lugar donde la paz, el alivio y la felicidad ahora eran parte de él. Donna estuvo agradecida por haber escuchado de su tío momentos después de su muerte, considerando las circunstancias de la tragedia.

Después de mi charla con Donna, recibí la siguiente nota:

> Jenny,
>
> La charla que tuvimos la semana pasada ha tenido un significado enorme para mí y para mi madre. Ha sido una fuente de alivio, entendimiento y aceptación de la muerte de mi tío.
>
> Las rosas rojas que recibimos durante la sesión siguen floreciendo una y otra vez. Mi madre y yo hemos recuperado las fuerzas a raíz de nuestra charla, y estoy esperando el momento de mostrarle la grabación a mi hermana. Ya le hemos hablado bastante al respecto.
>
> Nuestras familias están sorprendidas por el tiempo que pasó entre la muerte de mi tío y el momento de nuestra entrevista; apenas pasaron unas cuantas horas. También fue muy especial que mi abuelo se hiciera presente con su mensaje.
>
> Le agradezco mucho desde lo más profundo de mi corazón.
>
> Donna

Kirsten

Conocí a Kirsten después que su prometido se había suicidado. Si no grabo los mensajes recibidos durante el
momento de la sesión, raramente recuerdo la información transmitida a la persona. Después de mi encuentro
con Kirsten, recibí una bella nota donde me llamó mucho
la atención la forma como ella describió el sitio donde
ahora se encontraba su prometido.

Estimada Jenny,
    Mil y mil gracias por sus palabras durante
nuestra reunión, y no se cómo explicar la gratitud y la paz que ahora siento al saber que mi
adorado James está libre y feliz.
    Ayer hace cuatro meses James nos aban-
donó. Cuando fui a visitarlo, llevé unas rosas
rojas muy hermosas. Luego me senté junto a
su tumba sobre la hierba fresca y pude sentir
su paz y amor, y sin remordimientos ni culpa,
sentí el amor puro y la tristeza profunda en mi
corazón, y fue algo mágico.
    Hablé con la madre de James, Margaret, y
le mostré la grabación de nuestra reunión. Ella
verificó parte de la información recibida que
yo no tenía conocimiento. Usted me habló de
una persona llamada John en el mundo espiritual; él era el padre de Margaret. También
Robert era el nombre del abuelo y tatarabuelo
de James. La motocicleta que describió está en
la habitación del hermano menor de James, la
cual le pertenecía cuando él estaba pequeño.

Ayer compré un bello suéter de color amarillo limón. El color me seguía por todos lados, y resaltaba en mi pensamiento. Después de comprar el suéter y ponérmelo, sentí un gran alivio apenas tocó mi piel. Parecía como si una luz brillante se hubiera encendido en mi corazón.

Sentí como si James no nos hubiera abandonado y que siempre estaría en mi corazón. Le he preguntado si me enseñará cómo utilizar el velero cuando yo llegue al mundo espiritual en setenta años.

Mi abuela también se encontraba en el mundo espiritual, y disfrutaba mucho de cocinar. Le voy a pedir que prepare un pastel para James en el día de su cumpleaños en agosto. Creo que ambos disfrutarán la ocasión.

Muchas gracias de nuevo.

Con amor y mucha gratitud,

Kirsten

Aunque es importante expresar y confrontar la pena después de la muerte de un ser querido debido al suicidio, también lo es expresar la felicidad que nos produce el recordar los eventos y memorias de esa persona. Las almas que parten empezarán su proceso de curación más rápido si escuchan nuestras risas y sienten nuestra felicidad otra vez. La vibración de la risa los incita a hacer una conexión más fuerte con sus seres queridos.

9

Momentos agradables

Y bajo un escalofrío relajante me quedé
dormida, sólo con el sonido del silencio.
Luego, detrás de la granja, escuché el crujido
de los cerdos.

Out on a Limb
—Shirley MacLaine

*E*l trabajo de un médium nunca es monótono,
y cada día parece estar intercalado de momentos tristes y cómicos. Por fortuna, aquellos en el
mundo espiritual tienen un gran sentido del humor
y a menudo traen risas y gozos a mis consultantes y a
mí en las sesiones.

Mabel

Conocí a Mabel cuando llevó a su madre y hermana
a una sesión que tuvo lugar en la residencia de unos
amigos en Wrightwood, California.

Ella llevaba puesto pantalones cortos, una camiseta y
unas botas de trabajo de hombre. Su cabello estaba
atado en forma de cola de caballo. Tenía unos cuarenta

años y sus gafas de marco grueso y su cachucha parecían cubrirle toda la cara. Cuando nos presentaron, pude observar que era una persona muy amable y cariñosa.

Durante la reunión noté que ella estaba un poco dudosa en cuanto a la autenticidad del grupo y la comunicación con el mundo espiritual. Hacia el final, le pedí al grupo que se concentrara para recibir un mensaje para una persona en particular. Quedé fascinada cuando todos voltearon a mirar a Mabel y empezaron a concentrarse en su nombre.

Lo que sucedió enseguida creo que convenció a Mabel sobre la vida después de la muerte. Alguien en el grupo dijo que podía ver peces atún y patas de rana alrededor de las piernas de Mabel. Todos rieron, pero con sorpresa, Mabel empezó a llorar. Otra mujer dijo que podía ver la foto del comediante Red Skelton. En ese momento Mabel tomó su cabeza con sus manos. Aparentemente ella no estaba preparada para el siguiente mensaje, y había quedado sorprendida cuando otro miembro del grupo dijo que un señor llamado Bob estaba parado detrás de ella.

Ella dejó de llorar como diez minutos después, y dijo al grupo que ella pensaba al inicio de la sesión que todo eso acerca de la vida después de la muerte era pura mentira. Ella había venido esa noche simplemente como chofer de su madre y hermana. Luego dijo que antes de iniciarse la sesión había rezado en silencio para que si su padre, Bob, estaba vivo y bien en otra dimensión, debería mostrar una prueba definitiva al respecto. Y así había sucedido. Cuando Mabel era niña, ella y su padre acostumbraban a cazar ranas y a comerlas con pescado de atún mientras miraban el show de Red Skelton en televisión.

Para el grupo, la revelación probó una vez más que no hay que editar o analizar los mensajes por más extraños que parezcan, ya que algunas veces los más simples o raros sólo tienen sentido para su receptor. En el caso de Mabel, tuvimos que comernos los comentarios por lo extraños que parecieron los mensajes, y estoy muy complacida que el grupo se limitó simplemente a transmitir los mensajes tal y como fueron recibidos. Los mensajes tuvieron un efecto profundo en Mabel y al finalizar la noche pude ver su rostro alejándose lleno de paz.

La experiencia de John

Dicen que un médium nunca puede estar seguro de quien atraviesa su puerta, y éste fue mi caso cuando tres hombres llegaron a mi residencia una tarde hace varios años. Aún cuando en ese momento no pensé que la situación había sido humorística, ahora me río de lo que sucedió.

Durante ese día había estado muy ocupada en otras sesiones, y a eso de las cinco de la tarde, tres hombres que no habían arreglado una cita, golpearon a mi puerta.

Dos de ellos eran de estatura baja y delgados, y el tercero era alto y robusto. El hombre corpulento vestía ropa militar, y se notaba los desarrollados músculos de sus brazos. Ellos parecían desesperados por hablar y me pidieron si podían pasar. Me dijeron que el hombre corpulento, John, estaba en la armada y había descubierto un "secreto militar", pero que tenía temor de compartirlo con ellos. Luego me suplicaron que hablara con John en privado, presionándolo para que compartiera su secreto conmigo, el médium.

Luego acompañé a los hombres delgados hacia la sala y les pedí que esperaran allí. Un extraño escalofrío recorrió mi cuerpo a medida que John y yo nos dirigíamos hacia un salón especial que utilizo para las sesiones.

En mi concentración inicial pude sentir una energía poco usual que rodeaba a John. Aun cuando él lucía pálido y algo enfermo, su condición física parecía fuerte mientras se sentaba mirándome a los ojos y con los brazos cruzados al frente mío. Una vez más un extraño sentimiento corrió por mi cuerpo. De repente sentí oscuridad alrededor de John, y me preguntaba cuál era la verdadera razón de su visita.

John se inclinó hacia mí y me preguntó si creía en seres extraterrestres y platillos voladores. "Si", contesté. "Sin duda alguna han habido interesantes documentos que hablan de naves espaciales, extraterrestres y cosas similares". A pesar de su comentario, no tuve ninguna intención de entrar en ese tipo de conversación en ese instante.

John se inclinó un poco más hacia mí, y dijo en voz baja y gruesa. "Gracias a Dios que usted cree en todo eso porque esa es la razón por la cual estoy aquí". Luego me dijo que había visto la película Alien y que él tenía a un extraterrestre viviendo en su propio cuerpo. Su nombre era "alein", y deletreó el nombre dos o tres veces. Al ver su rostro y la expresión que marcaba, me hizo creer que John hablaba con seriedad.

Su conversación empezó a hacerme sentir un poco incómoda. De alguna forma me asustaba y supe que debía manejar la situación con mucho cuidado. Una vez más John se acercó, y con voz agresiva dijo: "He venido aquí hoy para que me remueva ese "alein" de mi cuerpo por medio de cirugía psíquica".

Sus palabras acabaron de enfriar mi cuerpo y supe que tenía que sacar a John del salón lo más pronto posible.

Muchos podrán haber escuchado hablar de "cirujanos psíquicos", especialmente en Las Filipinas, donde este tipo de cirujanos y curanderos espirituales han tenido resultados increíbles curando gente de serias enfermedades. Algunos de esos casos han sido grabados y registrados cuidadosamente. Pero mi función como médium no incluye remover una entidad extraterrestre de un individuo que acaba de ver una película y está convencido que una fuerza extraña ha invadido su cuerpo. Tampoco me consideré una autoridad calificada para efectuar un exorcismo, aún cuando mis oraciones en silencio estaban dirigidas hacia él.

Miré a John y sabía que debía hacerlo abandonar el salón de inmediato. No me sentía segura en su presencia. Con una expresión seria lo miré a los ojos y dije: "Ya veo. Creo que podemos ayudarlo. Relájese y respire profundamente; pero debo hablar con sus amigos en este instante. Por favor venga conmigo".

Por suerte, John siguió mis instrucciones. Me sentía incómoda con él porque su agresividad era cada vez más notoria. Caminamos hacia la sala de espera donde sus amigos, a quienes llamé Tom y Jerry, aguardaban. Pregunté: "¿Quién está a cargo aquí?". El más bajo de los hombres dio un paso hacia adelante y miró a sus compañeros. Sabía que ellos ayudarían si la situación se hubiera tornado agresiva.

"Muy bien", dije al hombre que parecía estar a cargo. "Su amigo tiene un problema y necesita ayuda. Yo no puedo ayudarlo y creo que él necesita una ayuda profesional en un hospital.

Trataba de ser lo más diplomática posible y sugerí que John necesitaba un tratamiento psiquiátrico. Les dije que había gente muy calificada que podía tratar ese tipo de situaciones. El hombre me miraba a medida que yo sugería que John fuera llevado al salón 17 del hospital, donde se encuentra la división de psiquiatría.

Él me miró fijamente y dijo. "Acabamos de venir de allá, y nadie pudo ayudarnos".

Su respuesta me dejó sin respiración y luego contesté: "Bueno, tendrán que regresar allá. Voy a telefonear al hospital para informarles que ustedes ya van en camino".

Él sonrió diciéndome que ellos habían esperado con paciencia en el hospital y por eso sabían que ahora necesitaban contactar un médium psíquico.

Después de una cordial despedida, los acompañé a la puerta de salida. Oré en silencio para que John recibiera la atención requerida. Luego llamé al hospital para explicar que él necesitaba consultar un especialista. Debo reconocer que por un instante me sentí amenazada, pero siempre sentí una enorme luz de protección a mi alrededor. Los hombres en cierta forma eran inofensivos, pero situaciones similares pueden salirse de control si no se manejan de la forma adecuada.

Algunos médiums pueden responder en forma positiva a pacientes psiquiátricos, y a veces han sido de gran ayuda. Como ya he mencionado, algunas personas diagnosticadas con esquizofrenia también poseen poderes psíquicos, pero esta energía es desprotegida y fuera de control. Los esquizofrénicos escuchan voces en su cabeza diciéndoles que hagan cosas extrañas y maravillosas. La voz que escuchan proviene de los espíritus maquiavélicos que habitan en planos astrales inferiores. Éstos son espíritus que no han evolucionado y andan en busca de individuos vulnerables que no tienen control de su capacidad psíquica. Las voces son muy reales, pero tristemente los mensajes dados a una persona en esas circunstancias pueden ser dañinos —por ejemplo, pueden incitar a romper vidrios y ser destructivos a sí mismos y a los demás—.

Tuve el presentimiento que ellos irían a estar bien, y que cuando John estaba en mi presencia, el mundo espiritual le había ayudado silenciosamente a disipar algunos de sus bloqueos mentales que lo incitaban a creer en el visitante extraterrestre. Ahora, la situación me hace reír cuando recuerdo la cara de uno de ellos diciendo que acababan de venir de la unidad psiquiátrica del hospital.

Psicometría en las calles

Hace muchos años cuando acompañé a mi esposo a Auckland, Nueva Zelanda, en un viaje de negocios, tuve una interesante experiencia de psicometría. La psicometría es la capacidad de leer un objeto, como cartas, joyas, fotografías, casas, rocas, árboles, etc., a partir de sus vibraciones.

Ya en Auckland, nos hospedamos en un agradable hotel con vista a unos bellos jardines de rosas. Rob se ocupaba cada día de sus reuniones y negocios, mientras que yo recorría las tiendas. Recuerdo una mañana que desperté diciéndole a mis guías espirituales que me sentía un poco sola, sin nadie con quien hablar y sin ninguna misión espiritual que cumplir. Les pedí si podían darme algún alimento espiritual para ese día. No pasó mucho tiempo antes que se cumpliera mi deseo. En mi camino hacia el centro comercial más cercano, un gran bus que llevaba una cantidad de mujeres de unos sesenta años, y que parecían como parte de un equipo de bolos, se detuvo a mi lado.

A medida que descendían del bus, escuché a una de ellas decir: "¡Miren allá! Esa señal dice 'lectura del tarot'. Vamos a ver de qué se trata".

Miré hacia la señal la cual no había notado en toda la semana aún cuando había caminado por el mismo sitio más de una docena de veces. No pude resistir el deseo de seguir a las mujeres en su camino hacia la señal. Cuando llegamos al sitio, había una nota que decía que el lector de cartas iba a regresar en una hora. También lo que esa persona cobraba por la lectura era realmente exagerado. Las mujeres comentaban su descontento por la ausencia del lector así como el dinero solicitado.

Entonces me di cuenta que las mujeres no habían notado mi presencia. No sé en qué estaba pensando cuando dije abiertamente: "¡Qué lástima, no traje mis cartas!"

Al decir eso, las mujeres voltearon sus cabezas a la vez y me miraron con curiosidad.

"¿Usted lee las cartas?, preguntaron.

"Si", contesté. "Las leo intuitivamente".

"¿Dónde vive?", preguntaron.

Les expliqué que estaba allí de vacaciones y que me hospedaba en un hotel no muy lejos de ese lugar.

"Qué lástima", dijeron. "Sólo tenemos una hora y luego debemos volver al bus otra vez".

Una de las mujeres parecía insistente y un poco ansiosa por un mensaje.

Ella me preguntó: "Hay alguna cosa que pueda hacer por nosotras?".

Me sentí emocionada cuando ellas se acercaron a mí. "Si", dije. "¿Les gustaría que realizara algo de psicometría para ustedes?".

"Si, por favor", replicaron, y preguntando a la vez cuál era el significado de la palabra. Una de ellas sugirió continuar ya que no había mucho tiempo.

"Entonces que dicen, lo hacemos?", pregunté. Y todas bajamos las escaleras al mismo tiempo.

Luego buscamos un sitio para sentarnos, y como no encontramos uno, nos paramos en el andén de la calle. Todavía río cuando pienso en eso. Allí me encontraba, recostada contra una pared, con tres mujeres aguardando en una fila, cada una con una joya en sus manos esperando pacientemente su turno.

La primera lectura fue corta, y la mujer estuvo complacida con los resultados. Cuando fue el turno de la segunda, más mujeres habían llegado y nos rodeaban a poca distancia. Sentí como si una feria psíquica se estuviera llevando a cabo. Tuve visiones luciendo un largo traje de luces, llevando aretes grandes de oro y una bufanda de gitana alrededor de mi cuello. En el pasado una de mis guías espirituales, Elma Farmer, me había dicho que un buen médium debía estar listo a cualquier hora. No importaba dónde estuviera, sola o en medio de una multitud; siempre debería estar en conexión con el mundo espiritual para servir a una persona.

Después que terminé las lecturas psicométricas, las mujeres reían complacidas por la información recibida. La mujer que parecía más ansiosa, recibió un mensaje que había estado esperando por mucho tiempo, y eso nos satisfizo alegremente. Una vez más el mundo espiritual había preparado este encuentro.

Una de las damas se acercó a preguntarme cuánto me debían. Mi rostro se ruborizó y me sentí avergonzada. Estos momentos habían sido muy agradables para mí y no tenía ninguna intención de recibir dinero a cambio. Desde el comienzo, en ningún instante pensé en el dinero; después de todo, yo había incitado un poco la situación.

"No gracias", dije. "Ha sido un gran placer conocerlas a todas".

"Por favor, le insistimos", dijo. "Ha sido también de mucho agrado conocerla. Por favor reciba esta pequeña donación".

Dos de las mujeres me entregaron dos billetes de 20 dólares. Una vez más dije que no quería su dinero, pero ellas insistieron. Luego nos despedimos con un abrazo, y después se alejaron sonriendo.

Regresé a mi hotel con una sonrisa en mis labios agradeciendo a los espíritus por el día tan luminoso que había vivido. Más tarde Rob regresó de sus negocios. Me preguntó qué había hecho durante el día. "No mucho", contesté. Salí a caminar un rato por los almacenes. "¿Nada especial te sucedió?", preguntó. "Ah sí", contesté en forma casual. "Me gané 40 dólares en las calles".

Por un instante su cara mostró intriga. Luego le expliqué todo lo que había sucedido.

Rob rió a carcajadas y dijo: "De veras me preocupaste por un segundo".

Nunca esperé recompensa por aquel día, sólo sentí que mis plegarias habían sido respondidas. Aún ahora recuerdo el encuentro con esas señoras y todavía trae sonrisas a mi rostro.

El perro se ha perdido

Mientras escribía mi primer libro *Through the Eyes of Spirit* en la Isla de Kauai, Rob y yo fuimos invitados a pasar dos semanas en la casa de la playa de unos amigos que se encontraban de vacaciones en Las Vegas. Nosotros saltamos de la felicidad, pero había algo más. La hija mayor de nuestros amigos tenía un cachorro de tres meses de edad. Después que conocimos el animalito, tuvimos un poco de dudas para aceptar la invitación. Al perro le encantaba morder todo lo que veía, y como los niños pequeños, necesitaba de constante atención. También nos preocupaba que la casa no era cercada y estaba no muy lejos de un camino transitado. No era justo mantener al perro atado, pero nos preocupaba que si no lo hacíamos, el perro saldría a correr.

La oferta de quedarse en la casa era muy tentadora, y podía seguir escribiendo mi libro, pero pensábamos en la responsabilidad de cuidar al perro. Un día antes de llegar a la casa, el perro se perdió.

La familia estaba consternada, pero Rob y yo les aseguramos que según nuestra intuición, creíamos que el perro estaba bien y que iba a regresar sano y salvo. Al siguiente día ellos salieron de vacaciones, y esa mañana colocamos avisos en el periódico local sobre el perro extraviado.

Rob y yo nos miramos con una sonrisa nerviosa. Luego pregunté: "¿Crees que el mundo espiritual ha enviado al perro a otro lugar por dos semanas para que yo pueda concentrarme en mi escritura?".

Ambos presentíamos que el perro iba a regresar después de nuestra partida, y que mientras tanto iba a estar bien donde se encontraba. Durante la estadía, la familia llamó un par de veces preguntando por el perro, y en ambas oportunidades les aseguramos que el perro iba a regresar.

Las dos maravillosas semanas en la playa terminaron y regresamos a la casa que habíamos rentado. Sólo una hora después de que salimos de la casa, una mujer llamó a mis amigos diciendo que había visto el aviso en el periódico y que había encontrado y cuidado al perro por dos semanas. El perro fue devuelto esa tarde batiendo su cola y oliendo todo a su alrededor después de la aventura por la que había pasado. Rob y yo reímos y agradecimos que alguien hubiera cuidado del perro.

Siempre supimos que los espíritus nos habían ayudado en la escritura del libro, y durante esas dos semanas en la playa, terminé el manuscrito.

10

Preguntas y respuestas

Todos somos perdonados porque no hay
nadie más espiritual que otro.
Todos somos iguales.

Change We Must
—Nana Veary

*P*ara satisfacer la curiosidad en estos temas, muchos me preguntan acerca de mi trabajo como médium y sobre la vida después de la muerte. Quisiera compartir algunas de estas preguntas y las respuestas que he dado sobre cómo percibo la comunicación desde el mundo espiritual. Mi socio y esposo, Robert, me ha colaborado en esta parte para presentar mis respuestas en forma de entrevista.

P: ¿Qué significa ser clarividente y clariaudiente?

R: Clarividente significa que el médium puede ver al espíritu claramente. El espíritu (s) normalmente se manifiesta al médium de la misma forma como vivía en la Tierra. Por ejemplo, si el espíritu vestía ropa de hospital o cierto vestido cuando murió, según mis experiencias, esa es la forma en que se me presenta, como en una clara fotografía. A menudo ellos señalan qué tan altos eran o si tenían algunas marcas particulares, como cicatrices.

Clariaudiencia es cuando el médium escucha al espíritu. La voz es una impresión intermitente en la mente, como un mensaje subliminal. Es posible establecer si el espíritu habla con cierto acento, o si hablaban suave o fuerte cuando estaban vivos. Si el espíritu aclara su voz continuamente durante la comunicación, de esa misma forma los escucharé y tomaré la misma acción al transmitir el mensaje al interesado. Cuando la gente muere, ellos llevan sus actitudes y personalidades consigo. Así que esté preparado. Si la persona era malgeniada, escandalosa o burlona, de esa misma forma aparecerán a través del médium.

P: ¿De veras escucha los espíritus decir sus nombres durante las sesiones?

R: Si, a menudo escucho los nombres propios en las sesiones. Algunas veces el espíritu se identifica de inmediato, y en otras ocasiones lo susurran a mi oído en el último instante de la comunicación. Tenga en cuenta que si el espíritu desea que escuche su nombre, no hay nada que pueda evitarlo.

En una ocasión el esposo de una señora en el mundo espiritual no podía hacer que yo escuchara su nombre, así que me mostró una foto del Pato Donald. Por supuesto su nombre era Donald.

Los espíritus pueden ser muy recursivos y graciosos al mismo tiempo, y tienen métodos originales para llamar mi atención. En otra ocasión me reuní con una señora que acababa de perder a su esposo. El espíritu me hacía gestos cerca de mi cuello, y no podía entender por qué me repetía "Neck, neck", que significa cuello en inglés. Le pregunté a la señora si él había tenido problemas con su cuello, y ella contesto que no. Después de unos momentos me di cuenta que él trataba de decir su nombre, Nick. Finalmente lo escuché. Su esposa agradeció la insistencia para poder comunicar su nombre.

P: ¿Cree que las personas reciben alivio cuando consultan a un médium?

R: Si, creo que Dios nos ha guiado en esa dirección durante la sesión. En esos instantes el mundo espiritual puede canalizar energía a través del médium con intenciones curativas. Por medio de la palabra y la presencia del médium es posible experimentar el amor de Dios.

En las charlas, la persona puede expresar la paz recibida por medio del llanto. Algunos consultantes me han comentado que ellos sienten como si una tierna mano hubiera sido colocada sobre el área del chakra del corazón con el propósito de recibir curación espiritual.

Tanto el espíritu que acaba de partir, como los ángeles guardianes y la luz radiante proveniente de Dios, se
unen para enviar, comunicar y sanar a través del médium
en diferentes niveles y formas. No todo lo acontecido es
de carácter verbal, aún cuando la energía o la calidad
vibratoria de la voz del médium pueden usarse para
enviar el mensaje de curación y alivio.

La fuerza viviente que emana del aura y chakras del
médium, especialmente desde el plexo solar y las áreas
del tercer ojo, serán amplificadas con la ayuda espiritual.
La curación que se está llevando a cabo no sólo se realiza
por medio de las palabras sino por toda la experiencia en
general. Los espíritus utilizan la oportunidad para enviar
amor, perdón, esperanza y todas aquellas cualidades que
afectan positivamente a la persona en esos momentos y
en los días, semanas y meses por venir.

P: ¿Cómo hace el espíritu para visitar al médium
cuando está en presencia del interesado?

R: Antes que la persona contacte a un médium, el
mundo espiritual ya ha decidido que esa será la forma de
realizar el contacto, y lo comunica al interesado por medio
del sueño. Un médium experimentado tendrá la capacidad y la concentración necesaria para lograr la comunicación.

Pero, aún con la ayuda de un médium, el espíritu no
se hará presente hasta cuando esté listo. La aparición se
realiza porque su ser querido está presente con el médium.

El médium no tiene la habilidad de evocar al espíritu. El médium debe esperar hasta que el espíritu venga libremente. Es un acto organizado donde los guías espirituales del médium, el interesado y sus guías espirituales también, y el espíritu que la persona desea contactar, se entrelazan para que la comunicación pueda tener lugar.

P: ¿Puede decirme algo más sobre los guías espirituales?

R: Toma muchos años para que un médium pueda conocer la verdadera identidad de sus guías espirituales. Los guías espirituales son almas evolucionadas asignadas a las personas desde su nacimiento para que silenciosamente nos enseñen y guíen durante el transcurso de la vida. Muchos utilizan el término ángeles guardianes. Todos tenemos un guía principal. El nombre de mi guía personal es Amos; él me habla y siento su presencia y amor todo el tiempo. También tenemos ayudantes espirituales que nos colaboran y reconfortan. A menudo esos ayudantes son aquellos seres queridos que ya han muerto y tienen un fuerte deseo de guiarnos y ayudarnos.

P: ¿Cuando una persona muere, y tiene una fuerte conexión amorosa con una persona en la Tierra, su espíritu permanece alrededor de esa persona, o sólo se hace presente a través de un médium?

R: El espíritu parece visitar al necesitado en estado de sueño, y por medio de los pensamientos amorosos es posible evocar su presencia. En realidad, la mayoría de las personas no tienen conocimiento de cuánta ayuda y compañía reciben a diario del mundo espiritual. Podemos conectarnos con nuestros seres queridos después de su fallecimiento por medio de los sueños. Algunas veces nos visitan en ocasiones importantes como aniversarios o cumpleaños. La persona despierta al día siguiente con la fuerte sensación de que ha sido visitada y llenada de amor por su ser querido durante el sueño. Por otro lado, algunas veces el espíritu tiene diferentes tareas a su cargo. Nuestro trabajo ha sido determinado antes de morir por un comité espiritual. Todos los actos terrenales son grabados en un gigantesco computador llamado algunas veces "registro arcaico". Si hacemos un buen trabajo en la Tierra, es posible que continuemos en un lugar de paz y tranquilidad, compartiendo los talentos que una vez poseímos. Llegamos a un lugar de conciencia y actividad, que concuerda con el nivel interno de conciencia y forma de carácter obtenido en la Tierra.

A veces cuando el espíritu se confunde en el momento de la transición, el médium puede establecer que él todavía está "flotando" sobre su ser querido en el plano terrenal. Hace poco ayudé a un hombre que había muerto debido a un tumor cerebral. Él seguía constantemente a su esposa en su estado espiritual. Esto perturbaba a su esposa que no sabía qué hacer con la situación.

Un médium experto puede establecer esto de inmediato, y por medio de la oración, puede ayudar al espíritu confundido a continuar su camino hacia una vibración superior en el mundo espiritual. Un alma confundida puede ser ayudada no sólo por las plegarias de un médium, sino por todas las plegarias en general.

Cuando la conexión amorosa con un espíritu es fuerte, es posible su visita de vez en cuando. Aún si no los vemos, podemos sentir su presencia. Ellos pueden mover un objeto, encender una luz o transmitir un olor especial para hacer sentir su presencia. Quizás nunca los podrá ver o escuchar, pero no tenga duda que cuando piensa en ellos, dice su nombre en silencio y ora por ellos, siempre estarán presentes.

Aún cuando el espíritu puede permanecer a su lado, es más fácil que ellos se hagan presentes por medio de un médium, simplemente porque el médium no tiene una conexión emocional establecida y a menudo pueden ver, escuchar y sentir el espíritu.

P: Cuando usted transmite un mensaje a la persona interesada, ¿cómo puede escucharlos desde el mundo espiritual? ¿Transmite todo el mensaje que escucha, exactamente palabra por palabra?

R: No tengo la autoridad de cambiar los mensajes que recibo, pero creo que es mi obligación transmitirlos en una forma espiritual y positiva. Los guías se esfuerzan para asegurarse que los mensajes sean enviados con un balance espiritual. Por ejemplo, si la persona tiene graves problemas físicos, sería apropiado sugerir que debería visitar un doctor para realizar un examen detallado. Los consultantes deberían confirmar al médium el mensaje, sabiendo que han recibido una curación emocional, y aún más importante, reiterando que la guía y dirección obtenida ha sido transmitida en forma positiva.

P: ¿Los consultantes se sienten libres de tomar sus propias decisiones?

R: Si, sin duda alguna, y cuando visitan a un médium, la gente por lo general viene en busca de conocimiento y confirmación de sus planes. El mundo espiritual dará guía y dirección, pero nunca interferirá o tomará decisiones en nombre de la persona. Todos debemos tomar nuestras propias decisiones, y con frecuencia los períodos de crecimiento espiritual brindan un rápido desarrollo a través de los errores e infortunios de la vida. Después de todo, somos humanos y estamos donde hemos decidido estar en la vida.

P: ¿Es normal que el mensaje más importante para la persona tenga lugar en el último momento de la comunicación?

R: Si, repetidamente en los últimos minutos de la sesión se logra una conexión vital por parte del espíritu. También sucede que información de gran importancia es transmitida en los últimos segundos. A veces sucede que esto es lo que la persona ha estado esperando escuchar todo el tiempo.

P: He escuchado que existen siete niveles de conciencia en el mundo espiritual. Cuando morimos, ¿a qué nivel vamos?

R: En la Tierra, creamos nuestro cielo e infierno, y en esencia, no hay diferencia en el mundo espiritual. Evolucionaremos hacia el nivel de conciencia que hemos creado en la Tierra. Por ejemplo, nuestras buenas acciones de hoy nos mantienen en buena posición para el mañana. Creo que vivimos muchas vidas, y en cada una nuestras acciones hablan por nosotros. Para avanzar espiritualmente, debemos aprender a ser generosos, a amar, a tener compasión, a perdonar, a entender, a ser comprensivos, para nombrar sólo unas cuantas cualidades que todos aspiramos a tener. Al vivir una vida de gran entendimiento, muchos podrían evolucionar hacia el cuarto nivel, el cual es llamado "el nivel de la felicidad". Se dice que Jesucristo evolucionó hacia el séptimo nivel.

Si una persona escoge el camino de la autodestrucción a través del crimen y la corrupción, cuando su alma llega al estado espiritual residirá en planos inferiores. Estos son los planos entre la Tierra y el mundo espiritual. Eventualmente estas almas verán la luz y serán llevados hacia el primer plano de conciencia en el mundo espiritual.

P: ¿A dónde van las personas que cometen suicidio?

R: Las oraciones y plegarias de las familias y amigos ayudan a estas almas a pasar hacia la otra dimensión. Algunas veces después de tal tragedia, el alma permanece cerca de su cuerpo físico por algún tiempo con sentimientos de pérdida y confusión. Ellos son ayudados a continuar su camino por seres queridos que ya han fallecido y que los guían cuidadosamente hacia su plano de conciencia.

Hay casos donde la persona que ha perdido a su compañero o a un hijo, contempla la posibilidad de suicidio por la dificultad de vivir después de la pérdida. Pero, quitarse su propia vida, no garantiza que se reunirá con tal persona en el plano espiritual.

Al alterar el propio destino, perturbamos nuestras lecciones kármicas y pruebas que han sido preestablecidas para cada vida. Por lo tanto, aquellos que han cometido suicidio, regresarán a la Tierra a reiniciar el mismo proceso de evolución que tenían antes de su muerte.

P: ¿La persona que comete suicidio debería ser cremada?

R: No necesariamente, al menos que exista una autorización escrita o verbal. Si no hay instrucciones, la familia debe tomar la decisión.

P: Cuando se comunica con alguien que ha cometido suicidio, ¿cuál es su estado?

R: Al principio muestran confusión cuando tratan de explicar la manera como murieron, y algunos deciden no discutirlo. Otras almas que sólo desean recordar los momentos felices en la Tierra y tratan de borrar aquellas experiencias dolorosas por las que pasaron. En algunos casos puede ser difícil para el espíritu lograr una clara comunicación debido a la tristeza causada por su muerte.

P: ¿Los espíritus siempre recuerdan su última experiencia en la Tierra?

R: Algunos deciden sólo recordar los momentos felices; otros recuerdan y me reportan en detalle todos los acontecimientos de su muerte. Hay quienes me dicen sus últimas palabras en este mundo, o las últimas personas a quien vieron.

P: Cuénteme un poco más sobre qué sucede cuando alguien viene a visitarla para una sesión.

R: Las personas vienen a verme por muchas razones. Ellas han sido recomendadas por alguien más ya que no hago ningún tipo de publicidad. A menudo el individuo desea hacer contacto con sus seres queridos en el mundo espiritual, lo cual me hace sentir bendecida al ser la persona escogida para tan importante misión. Para mí, la verdadera función de un médium es actuar como un cable que comunica el mundo espiritual con aquellos que todavía permanecen en la Tierra. Es difícil de describir lo que siento al poder hablar con un niño o un joven en el mundo espiritual, y luego transmitir sus mensajes a las familias. Cada día agradezco a Dios por el don que me ha otorgado. Cuando una madre llora desconsoladamente pidiendo que su hijo retorne a la Tierra, trato de la forma más humilde de aliviar su dolor por medio de los mensajes de amor y consuelo que vienen del más allá.

P: Cuando una persona muere, ¿cuánto tiempo pasa antes de hacer contacto a través de un médium?

R: Pueden pasar minutos, días, semanas, meses o años. También puede depender del desarrollo espiritual en que se encontraba la persona antes de morir. He tenido experiencia con espíritus que me han contactado sólo unas horas después de su fallecimiento. Otros me han dicho que su cuerpo físico aún está en la funeraria esperando a ser enterrado. Algunos describen el lugar y la hora de su muerte con detalles asombrosos.

P: Cuando se comunica con el mundo espiritual, ¿por cuánto tiempo ellos pueden hablar con usted?

R: Algunas veces por unos minutos, otras por una hora. Depende de la habilidad del espíritu para comunicarse o la energía del médium en el momento del contacto. Si el médium muestra cansancio, la comunicación se disipará. El espíritu hablará por el tiempo que desee.

Si existía una fuerte relación entre la persona y el espíritu, pueden hablar durante toda la hora de la sesión. Todo sucede en forma natural; el espíritu aparece cuando el médium está listo.

P: ¿Puede ver o sentir la muerte de la persona? Por ejemplo, ¿puede ver o sentir que la persona ha muerto de un disparo?

R: Si, muchas veces tengo la visión de la muerte de la persona. También puedo sentir su dolor físico antes de morir. Si han muerto de un disparo, puedo sentir en mi cuerpo donde ellos fueron heridos. Si han muerto debido a un cáncer en el pulmón, al hablar con ellos quedo sin respiración y allí puedo establecer que tenían problemas pulmonares. Por lo general pido al espíritu que manifieste sus sentimientos de dolor a través de mi cuerpo.

P: ¿Cuando un anciano ha padecido de Alzheimer antes de su muerte, se comunican desde el más allá mostrando su enfermedad?

R: Al principio hará contacto mostrando su confusión y cómo se sentía viviendo con la enfermedad. Estos mensajes por lo general son transmitidos con un buen sentido del humor. Pueden aparentar desconcierto y dar una fuerte indicación de su incoherencia antes de morir, pero también que se sentían felices. Una vez han identificado su presencia ante el interesado, iniciarán una clara comunicación. El espíritu me debe mostrar su condición física antes del fallecimiento, aún cuando ahora ha sanado por completo, y puede regresar a una edad más joven cuando su salud era perfecta.

P: Cuando muere la persona, ¿a dónde va en espíritu?

R: Antes de evolucionar a su plano de conciencia, el espíritu puede trasladarse a un lugar de curación en el mundo espiritual. Allí recobran bienestar y acumulan información proveniente de los ángeles guardianes y sanadores. Algunas personas mueren instantáneamente creando desorientación. Los niños pueden sentirse perdidos después de una muerte súbita. Sin embargo, siempre somos recibidos y ayudados. Los ángeles nutren el alma emocionalmente con el propósito de ayudarlas a entender dónde se encuentran en su proceso espiritual antes de continuar el camino a su plano designado.

P: ¿Es posible la comunicación con animales que han muerto?

R: Si, es emocionante cuando los animales logran comunicarse. He tenido conversaciones con caballos, loros, cabras, perros y gatos. Durante la sesión el animal normalmente aparece al lado de su ser querido. Aún cuando ahora se encuentran en otra dimensión, los animales nos siguen visitando, recordando y manteniendo el amor que alguna vez compartimos en la Tierra.

P: Cuando un espíritu está ansioso por comunicarse la primera vez, ¿es posible que la condición emocional bloquee la comunicación?

R: No, en realidad no. Algunas veces tengo que incrementar mi estado de concentración para hacer una clara conexión. Hay ocasiones cuando el espíritu había practicado una religión donde no existía la creencia en la vida después de la muerte. En estos casos la comunicación con el médium puede ser un poco difícil.

Cuando el espíritu se me acerca, siento escalofrío en mi cuerpo. Las emociones fuertes del consultante también pueden bloquear la comunicación. Es como si la persona tuviera una nube de dolor sobre su cabeza, y esto por lo general puede ser clarificado durante la sesión. El espíritu debe estar listo para hacer la conexión, la cual se manifiesta por medio de mensajes de amor, regocijo y paz para el consultante.

P: ¿La comunicación desde el mundo espiritual se presenta por medio de una vibración más rápida?

R: Si, el mundo espiritual actúa en una onda vibracional mucho más rápida, y mi guía espiritual se esfuerza para equilibrar el nivel de vibración entre el espíritu y yo. Esto me permite en la mayoría de los casos escuchar voces. Puedo escucharlas hablándome en tono normal, como si fuéramos viejos amigos.

P: ¿Cuando una persona pasa al mundo espiritual, espera hasta reunirse con otros miembros de la familia para volver a reencarnar?

R: Tengo entendido que cuando alguien tiene un fuerte lazo amoroso con otro miembro de la familia, a menudo esperan a reagruparse antes de reencarnar. Tenga en cuenta que el tiempo no tiene significado en el mundo espiritual. Cincuenta años en la Tierra es como un abrir y cerrar de ojos para los espíritus. Si el amor es fuerte entre los miembros de la familia, creo que aquellos que ya han partido, esperarán por el resto de los miembros hasta que sea el momento indicado.

11

Cartas de amor

Soy amado.
Estoy seguro.
Una parte de mí me cuida,
lo sé.
La luz está conmigo.
Dios es verdadero.
Dios existe.
Todo es perfecto.
Me encuentro en paz.
Todo está bien.
Puedo amar.
Todo es uno.

The Path to Love
—Deepak Chopra

Me siento muy agradecida por recibir tantas cartas de agradecimiento, amor y aliento por parte de mis consultantes. He seleccionado las siguientes cartas para compartirlas con ustedes.

Estimada Jenny,

Quiero comentarle que mi primera experiencia de comunicación espiritual fue extraordinaria. Descubrir que nuestros seres queridos que han fallecido todavía están conmigo en esta vida fue conmovedor.

En el momento cuando mi vida parecía quebrajarse en todo sentido, la esperanza de un futuro prometedor me quitó un gran peso de encima y me permitió enfocarme más claramente en mi verdadera misión en la vida.

Como consejera puedo decir que nuestra charla ha reescrito el plan de mi vida en forma tan positiva, que sólo puedo decir cosas buenas de dicha experiencia.

El equilibrio es algo que considero muy importante, no sólo para mis pacientes, sino para mi misma.

En mi caso, haber tenido una consulta que me ha ayudado a mantener mi vida espiritual, emocional y física en balance ha sido como tres consultas en una.

Ha sido una experiencia que me ha dejado con un sentimiento de seguridad y emoción con respecto a lo que puedo lograr.

Creo que tener una sesión con un practicante con reputación es uno de los caminos que podemos escoger en nuestra ruta hacia el autodescubrimiento.

Siempre estaré agradecida, Jenny, por permitirme compartir su don.

Que Dios siempre esté con usted.

Alison

Estimada Jenny,

Hace unos siete años mi esposo tuvo una sesión con usted. Allí le mencionó que iría a conocer a una mujer con dos hijos. Su pronóstico resultó ser verdad, y por fortuna esa mujer fui yo. Usted le comentó que iría a ser una larga y significativa relación, y que terminaría en matrimonio. También que íbamos a vivir en una casa de dos pisos con vista al agua. Él no tenía hijos en ese momento, y su vida no tenía dirección cuando vino a verla. Él tenía unos treinta años y se encontraba solo y ansioso de formar su propia familia. Usted le dijo que él iba a tener dos hijos propios, una niña y un varón, y que iría a tener dos hijastros.

Un año después de que conocí a mi esposo vine a verla. Obviamente mucho ha sucedido desde nuestro primer encuentro, pero los resultados han sido exactamente como usted nos dijo. Ahora tenemos una bella casa con vista al agua en el sitio exacto donde usted señaló. Junto con mis dos hijos, ahora tenemos una adorable niña y un niño está pronto a nacer.

Otros detalles que usted mencionó también han resultado verdad. Me habló de mis dos tíos en el mundo espiritual que habían sido parte de mi vida. No los conocía en ese entonces, pero mi madre ha confirmado la existencia de ellos dos.

Estoy muy agradecida por haberme atendido en su tiempo tan ocupado. Muchas gracias. Que Dios la bendiga.

Karyl

Dear Jenny,

En 1991 la conocí durante una sesión.
Cuando terminamos, fui a casa sintiéndome
maravillosamente. Eso es algo que usted hizo
por mí durante nuestra charla; me dio ánimo
cuando me sentía un poco deprimida.

Siempre quise compartir mi experiencia con
mi familia, especialmente con mi suegra,
Dawn. Durante nuestra charla, usted mencionó a la hermana de Dawn, June, quien
murió hace más de diez años. Siempre fuimos
muy especiales para June. Ella siempre llamó a
mi esposo su sobrino favorito. June se hizo
presente durante la sesión y le envió un cariño
especial a Rosemary. No sabía quien era Rosemary, pero cuando compartí todo esto con
Dawn, ella supo quien era. Dawn me dijo:
"Para la grabación. Devuélvela y déjame oír lo
que dice de nuevo". "Bueno", ella dijo, "¿cómo
pudo averiguar eso? Nadie, además de June,
tenía conocimiento de Rosemary. Ha sido un
secreto que hemos mantenido por más de cincuenta años".

Dawn continuó diciéndome que su hermana June había tenido una niña, la había
nombrado Rosemary, la había dado en adop-
ción y que nunca dijo nada a nadie en su familia. Luego Dawn me pidió que lo mantuviera
en secreto, y yo lo hice.

Dawn murió en 1993. En 1995, cuando
revisaba mi correspondencia, encontré una
carta que venía de Timaru Young Person's
Court (Corte de Timaru para jóvenes). Supe

que la carta era para Dawn y no para mí. La oficina postal pensó que era mía ya que ambas teníamos el mismo nombre y vivíamos puerta a puerta. Ambas utilizábamos nombres diferentes, pero si recibíamos correspondencia con los nombres correctos, era fácil para la oficina postal intercambiar el correo. Ya que Dawn había muerto, no supe qué hacer en un principio. Luego pensé; no quiero disgustar a mi suegro, así que voy a abrir la carta y a encargarme del asunto.

Rosemary había contratado a alguien para encontrar a su familia. Tuve que leer la carta dos veces para creerlo. Luego recordé la sesión con Jenny años atrás y pensé que era un milagro. Fui corriendo hacia la corte de Timaru, localicé a Rosemary y le dije que había contactado a la persona correcta, pero que desafortunadamente toda su familia había muerto a excepción de un tío en Nueva Zelanda y un hermano que vivía en Texas. Le dije que yo les iba a comunicar la noticia y que si ellos deseaban, iba a arreglar un encuentro. Hablé con su hermano en Texas; él quedó fascinado y ya han hablado por teléfono y enviado fotos de cada uno, pero todavía no se han visto. El certificado de nacimiento confirma que ellos son hermanos legítimos. El único remordimiento de Rosemary fue que no intentó encontrar a su familia más pronto.

Esto sólo prueba que hay vida después de que el cuerpo físico muere.

Jenny, usted es una persona adorable y comprensiva, y siento que es un gran privilegio haberla conocido. La felicidad que siento por haber juntado a dos personas no lo puedo expresar en palabras. Al conocerla no sólo iluminó mi vida, sino la de otras personas a la vez. Ese es el verdadero significado de la vida, compartir.

Con amor,

Pauline

Recibí esta bella nota enviada por Lesly. La tarjeta decía:

Estamos unidos en un círculo de amor. Mi amor está contigo.

Cuando conocí a Lesly, ella tenía unos treinta años, y había nacido con un problema en la columna vertebral. Su incapacidad no la había restringido en absoluto y era una mujer muy dotada, amorosa e inteligente. Conocerla y compartir su gran entusiasmo impactó mi vida. Ella es sin duda una de las almas más adoradas y fascinantes que nunca haya conocido. Debido a su impedimento físico, su conciencia espiritual ha sido engrandecida a tal grado que siento que ella enseña y ayuda a jóvenes y a adultos a encontrar sus caminos espirituales. Cuando la conocí, no sabía que había perdido a su más adorada y mejor amiga, su madre. En su nota decía también esto:

Estimada Jenny,

Primero que todo, quiero agradecerle desde lo más profundo de mi corazón por haberme permitido hablar con mi madre. Como usted sabe, éramos tan allegadas como una madre e hija pueden serlo. Usted me ayudó a iluminar el oscuro y tortuoso túnel en que me encontraba cuando perdí a mi madre. Por tal razón siempre estaré agradecida.

Con todo mi amor,

Lesly,

Pasadena, USA

Querida Jenny,

Su libro *Through the Eyes of Spirit*, es increíble. He encontrado a alguien que comparte mis creencias. La lectura me hizo llorar de felicidad, no podía dejar de leer. Usted tiene razón, todo lo que necesitamos es compartir la luminosidad y el amor que se nos ha brindado.

Nuestro mundo está lleno de negatividad y dolor. Es reconfortante ser parte de su calidez y energía. Usted tiene un don que las palabras no pueden explicar, y por mi parte, es algo que algún día me gustaría contribuir. Su aptitud brilla a través de todo el libro, y es algo que le agradezco con sinceridad.

Cuídese, y que Dios la bendiga.

Marge

Waitara, Nueva Zelanda

Apreciada Jenny,

Sólo quiero darle las gracias y me gustaría
compartir algunas afirmaciones de la "charla"
que tuvimos en marzo 12 de 1991. En esa ocasión usted me dijo que el septuagésimo cumpleaños de mi padre iría a ser el motivo para
una reunión familiar, y así ocurrió. También
me dijo que debería poner atención a mi salud
debido a un dolor ciático, y desde nuestro
encuentro, he tenido dos fusiones en la
columna vertebral.

Los nombres que mencionó, Judith, Kathe-
rine y Elizabeth (Betty), son parte de mi familia.

Me habló de mi hija adoptada que ahora
tiene veintitrés años, y que iría a conocer a mi
hijo y que iban a tener una buena relación.
Hace unas semanas se conocieron y se llevan
de maravilla. Jenny, gracias por sus mensajes
positivos y reconfortantes.

Sinceramente,

Sandy

Mi trabajo es siempre fascinante, y lo confirmo aún
más cuando recibo reacciones positivas de personas que
han sido ayudadas desde el mundo espiritual. Durante la
sesión, ellos quizás no entienden por completo el mensaje recibido, y a medida que lo discuten con miembros
de la familia o amigos, la claridad se hace presente. Esto
fue manifestado en una nota que recibí de una bella dama
llamada Helen.

Hace poco asistí a una sesión con Jenny. Una semana después hablando con ella sobre otro asunto, le comenté una historia que había resultado de nuestra charla.

Durante la sesión, una vieja amiga se hizo presente. Su nombre era Gwen, y había muerto hace como un año. Gwen dijo que era la primera vez que había sido contactada desde su muerte. Ella se encontraba feliz donde estaba y había encontrado finalmente a Peter. Allí caminaban juntos sobre verdes valles y altas montañas como espíritus libres. Ese mensaje me hizo sentir muy feliz, aún cuando en ese momento no sabía quien era Peter. Lo importante era saber que ella no se encontraba sola, era feliz y todavía tenía su agradable sentido del humor.

Unos tres o cuatro días después de mi encuentro con Jenny, decidí llamar a una amiga mutua de Gwen y mía para averiguar si ella tenía conocimiento de Peter. Ella rió cuando le comente sobre el mensaje que había recibido de Gwen y me dijo que en las últimas tres noches había soñado con Gwen caminado en campos verdes y montañas, en libertad, feliz, y en compañía de su amigo Peter. Gwen nunca se casó y había conocido a Peter cuando era joven. Él deseaba casarse con ella, pero por alguna razón ella no lo aceptó. Peter aunque lo entendió, siempre estuvo enamorado y siempre deseó casarse con ella. Al final, Gwen nunca cambió de parecer y vivió soltera toda su vida.

Gwen y Peter nunca se casaron, y Helen estuvo muy complacida cuando descubrió el verdadero significado del mensaje. Fue un final feliz, o quizás el comienzo, ahora que Gwen y Peter se encontraban juntos en el reino de la paz. El mensaje fue la forma que Gwen utilizó para comunicarle a sus amistades que ella estaba reunida una vez más con Peter, su único y verdadero amor.

> Estimada Jenny,
>
> Todavía me encuentro sorprendida y eternamente agradecida por el bienestar que me ha dado. Hace un par de semanas le pregunté a mi esposo si yo había cambiado desde mi charla con usted y él respondió "ahora pareces más en paz".
>
> Aún estoy asombrada por el alivio que me ha brindado. Ahora tengo claridad. He estado reflexionando sobre esos profundos y oscuros pensamientos. Ahora los colores parecen más brillantes. Siento que usted me ha curado de una gran depresión. Sabía que me encontraba inmensamente triste por la muerte de mi madre, ella era mi mejor amiga, pero no tenía idea de lo grave de mi depresión. Antes lloraba muchas veces cada semana, pero puedo decir con sinceridad que aunque todavía la extraño y pienso en ella, ahora sonrío en mi interior porque sé que ella está muy bien, y todavía está conmigo. Jenny, usted me advirtió que probablemente iba a llorar al regresar a mi casa, pero no fue así. Al contrario, ¡me sentí eufórica! En esos momentos los pinos parecían más verdes y el cielo más azul.

Nunca había tenido una experiencia similar, y aunque creo que existe gente dotada en este mundo como usted, nunca me imaginé conocer esa clase de persona y ver cómo mi vida cambiaba ante mis ojos. Robin, quien apenas la conocía en esos momentos, fue la persona quien me la recomendó. Un día mientras jugaba con mis hijos en el parque, ella se acercó a contarme sobre su encuentro con usted. Ella no lo había comentado con nadie, pero sintió que debía compartir su experiencia conmigo. Desde ese instante creo que un ángel me la envió, y para mí, Robin es un ejemplo de un ángel en la Tierra.

Cuando era pequeña, recuerdo una clara conversación con mi madre acerca de la vida después de la muerte. Yo fui criada en un ambiente católico estricto, pero muy cálido, y asistí a colegios parroquiales durante mi juventud. Mientras que mi madre trataba de asegurarme que sí había vida después de la muerte, y que volvería a verla, la gran pregunta permanecía sin respuesta. ¿Qué pasa después de la muerte? Yo no creía en la vida en el más allá hasta que la conocí a usted. Soy una persona que necesita pruebas concretas, y usted las ha presentado. Ya no tengo dudas en mi mente. Sé que existe. Es por eso que estoy eternamente agradecida por haberme brindado el alivio que necesitaba. Soy una nueva persona desde que la conocí y espero con ansiedad el momento de visitarla de nuevo este año.

Usted dijo que mi madre estaba orgullosa de mí, y que ella estaba llamando a "Clara", quien es mi tía que pronto va a morir.

También me dijo que teníamos dos casas para la venta (lo cual era cierto), y que una iba a ser vendida muy pronto (ya sucedió). Dijo que nos iríamos a mudar a una casa grande, blanca y con mucha luz. Al fin de mes estaremos cerrando la compra de una casa blanca, grande y llena de luz.

Y muchas otras cosas maravillosas me mencionó durante la charla.

Muchas gracias de nuevo desde lo más profundo de mi corazón.

Con amor,
Mary Scarcello

Estimada Jenny,
Vine a hablar con usted el domingo 11 de febrero después de haber tenido una sesión de curación con Colin Lambert. Mi esposo Bruce y yo veníamos del estado de New York y estábamos visitando Nueva Zelanda, y ya había tomado la decisión de visitarla después de haber leído su libro *Through the Eyes of Spirit*.

Sólo quiero decirle lo agradecida que estoy por haber dispuesto su tiempo de aquél domingo para charlar conmigo. He escuchado la grabación muchas veces y todavía me asombra sobre la exactitud de sus palabras. Usted describió a mi hija y a mi pequeña nieta con gran precisión. Usted me conectó con mi hermana quien era veinte años mayor y había muerto de cáncer en el seno. Me dijo que éramos muy parecidas y que su cabello lucía blanco, aunque aparentemente lo había perdido antes de su muerte. Eso era verdad, así como el diagnóstico del cáncer. Usted me contactó con mi madre quien había muerto de un problema renal después de muchos años de sufrimiento debido a la enfermedad de Alzheimer. Dijo que había tenido dificultades para comunicarse antes de su muerte y no sabía dónde se encontraba. Eso fue lo que sucedió exactamente. Me conectó con mi hermano y dijo que había muerto súbitamente y que en un principio había estado confundido por lo que había pasado y por el lugar donde se encontraba. Mi hermano murió rápidamente, él fue muerto en un accidente automovilístico. También me contactó con mi padre que había muerto de un ataque al corazón cuando sólo tenía cuarenta y ocho años. Dijo que él había hecho las cosas con rapidez en su vida, como si hubiera sabido que no tenía mucho tiempo, y que había estado todo el tiempo cerca de su familia como un ángel guardián. Luego mencionó a un miembro de la familia quien había tenido un serio accidente automovilístico y tocó su frente mencionando una cicatriz. Mi sobrina es un año menor que yo, y tuvo un accidente hace poco que le dejó una cicatriz donde usted la señaló. Ella me dijo que después de salir del coma, ha visto el espíritu de mi padre cada noche a su lado diciéndole repetidamente que se va a recuperar y que el bebé que estaba esperando en el momento del accidente también estará bien (algo que los doctores han dudado considerablemente). Todo lo que mi padre dijo, sucedió.

Muchas de las cosas que usted mencionó en la sesión ya han sucedido. Nos dijo que nuestro hijo pronto nos iría a llamar con buenas noticias y que iba a ser aceptado en su programa de postgrado; eso fue exactamente lo que pasó. Podría continuar con muchas cosas más que fueron mencionadas en la sesión, pero como puede ver, estoy muy agradecida por su charla. Quisiera que me avisara cuando esté disponible su próximo libro.

Por favor comuníquese conmigo si alguna vez viene a New York. Jenny, muchas gracias, usted tiene un maravilloso don y me siento privilegiada de haberlo experimentado. Espero verla de nuevo.

Sinceramente,

Karen

Muchas veces no recuerdo qué sucede durante las sesiones, así que es una bendición saber de las personas que me han consultado, y que los efectos han sido positivos. Esto reafirma que estoy trabajando con el amor espiritual.

12

La meditación

La meditación es el arte de escuchar. Cuando
ora, está hablando con Dios. Cuando medita,
está escuchando a Dios.

Change We Must
—Nana Veary

*M*i trabajo requiere una gran cantidad de
energía, y por medio de la meditación, he
encontrado el camino apropiado de amor y guía proveniente del reino espiritual.

La meditación me ha ayudado a perfeccionar la
comunicación con los espíritus permitiéndome ele-
var mis niveles vibracionales.

Los beneficios de la meditación han sido enormes,
y recomiendo especialmente dedicar unos momentos
de su ocupado día para incrementar su conciencia
espiritual por medio de esta práctica.

La meditación es la auto-realización en Dios. Dios
es amor, y se encuentra en cada uno de nosotros.
Aprender a meditar le enseñará cómo enfocar su atención hacia su ser divino interior evitando distracciones

externas. No es necesario tener creencias religiosas, ya que Dios puede ser llamado en cualquier instante. No necesita ir a una iglesia para lograr este descubrimiento. Por el contrario, a través de la meditación, encontrará paz consigo mismo. La armonía y el nivel de vibraciones creados se transforarán en su propia iglesia dentro de su corazón, y allí es donde se inicia la verdadera adoración a Dios. Nuestras acciones hablan más claro y se esparcen más rápido que las palabras.

Por medio de la meditación transmitirá su luminosidad a todos aquellos con quien tiene contacto. Sentirá una exuberante paz interior penetrando su vida y llenando su corazón de sentimientos de sabiduría, felicidad, amor, verdad y luminosidad. Al calmar y relajar la mente permite que el rayo del amor entre en todo su ser. Todos tenemos la capacidad de manifestar pensamientos positivos y negativos. A través de la meditación será guiado por Dios en la dirección correcta y le permitirá tomar sus propias decisiones con libertad.

Creo que todos regresamos al plano terrenal para incrementar nuestros niveles de conciencia. Al confiar en una fuerza superior y dejar a un lado las preocupaciones, ganaremos la fuerza y el entendimiento espiritual. La meditación logra lo anterior, y en nuestros momentos silenciosos, abandonamos las angustias y desasosiegos. Reconocer interiormente que cada uno hace parte de una conexión divina, invita al cambio y al crecimiento global.

Por medio de la meditación reconocemos la fuerza superior en nuestro ser, y como resultado, se presenta un cambio en la apreciación de la humanidad. Este reconocimiento puede ofrecernos abundancia de alivio a nuestros cuerpos y a todos con quienes tenemos contacto.

El arte de la meditación permite enviar ideas y pensamientos al mundo espiritual. Podemos solicitar alivio para nuestra mente, cuerpo y alma, y lograr lo deseado.

Existe la tendencia a no apreciar las cosas en la vida. Es indispensable agradecer lo recibido día a día por medio de la oración, y es posible lograrlo a través de la meditación. Para aprender este arte, es esencial experimentar el silencio de la mente y el cuerpo.

La meditación permite escuchar la fuerza superior y recibir el mensaje que desarrolla la creatividad y la espiritualidad. Al silenciar la mente y calmar el cuerpo, se entra en un nuevo estado de conciencia que da respuestas a muchas inquietudes.

Todos formamos parte de un plan divino, y a medida que aumentamos el nivel de conciencia, sentiremos la fuerza superior manifestándose en un nuevo comienzo de la vida. La meditación constante logra resultados en muchas áreas, y será como una fuente renovadora donde se experimenta paz y amor incondicional. Estos sentimientos permanecerán con usted por mucho tiempo. Siempre tenga presente que la mente es la herramienta más poderosa, por lo tanto es correcto tener pensamientos positivos sobre los demás y enviar mensajes de amor cuando lleve a cabo sus meditaciones. Este amor enviado regresará a usted, como un rayo conectado a su alma. Los pensamientos proyectan la imagen de quien los envía. Por tal razón es primordial aprender a amar y a perdonar sin límite alguno.

La meditación regular permite aprender sobre niveles superiores de la conciencia humana. Los estados superiores no están dominados por el ego; por el contrario, prestan ayuda para transitar por el camino espiritual con simplicidad. En estos niveles se aprenderá y apreciará que quizás el propósito del alma en esta vida es ayudar al prójimo, dejando a un lado el interés propio en busca del desprendimiento y la generosidad.

Al meditar se crea balance y armonía. La conciencia espiritual se estimula a medida que los espíritus maestros se conglomeran a su alrededor para comunicarse en la meditación y a su vez hacernos mejores comunicadores.

Utilizar la meditación como una disciplina le marca el camino espiritual con claridad; siempre será guiado y protegido. Diga una oración cada vez que medite pidiendo a su ser supremo el poder para curar y dar esperanza a su entorno. El acto de meditar no es sólo individual; es dirigido al universo y contribuye al alivio general.

Hay muchas formas y métodos de meditación. Personalmente, la simplicidad es la clave. Algunas veces me siento o acuesto en el suelo o en un sofá y lentamente dejo ir mi mente con el sonido de la música, o disfruto del completo silencio. Siempre inicio mi meditación con una oración, pidiendo guía, amor e iluminación a los seres supremos. Otros prefieren sentarse en posición recta sobre una silla, con los pies firmes sobre el suelo y las manos colocadas sobre el vientre, con las palmas de las manos hacia arriba. Es importante concentrar su atención en el punto entre sus cejas y la frente. Éste es llamado el área del "tercer ojo", o chakra del centro. Al concentrar sus pensamientos y atención en esta área, creará un estado de calma a su alrededor. Es el inicio de su acercamiento hacia su ojo espiritual. No precipite su tiempo de meditación. Por el contrario, siéntese calmadamente por unos minutos y concéntrese en la tranquilidad que ahora lo rodea. Un método efectivo para aprender a concentrarse durante la meditación es escuchar su respiración. Al hacerlo, enfoque sus pensamientos y atención en el sonido de su respiración; esto lo relajará con rapidez.

La meditación es un acto sagrado, y mientras más silencie su mente, más avanzado será su desarrollo. Veinte minutos por día trae maravillosos resultados. Algunos lo hacen al amanecer o al atardecer. Realícela a la hora que más le convenga, pero recuerde que vivimos en un mundo de realidad y no podemos permanecer en ese increíble estado todo el día. Aún cuando estaríamos llenos de paz y sentiríamos los beneficios de la meditación, es más importante lograr el equilibrio deseado.

Aquellos que alcanzan un estado intermedio meditativo, encuentran difícil conciliar con el lado práctico de sus vidas. En términos generales, venimos a aprender durante esta vida y es importante tenerlo en cuenta cada día.

He escrito algunas guías para la meditación y lo invito a que las lea conmigo. Permanezca en ese estado el tiempo que desee, y recuerde al terminar, beber un vaso con agua; esto lo ayudará a una limpieza final y a recobrar su equilibrio.

Asegúrese de que ha recobrado su estado de conciencia antes de manejar un vehículo o regresar a sus actividades cotidianas. Algunos individuos deben caminar descalzos sobre la grama por un momento para volver a su estado consciente y a su cuerpo físico.

Disfrute de la meditación ya que es una gran inversión en su propio ser —el momento de ganar entendimiento y recibir alivio desde estados superiores—.

La Meditation de la Isla del Delfín

Para comenzar, sugiero que encuentre una cómoda silla, un sofá, una cama o simplemente se acueste en el suelo. Ubíquese en la posición más confortable posible.

Sintiéndose relajado, concéntrese en las palabras que está escuchando. Escúchelas cuidadosamente y armonícese con la música que está sonando. Respire profundamente unas cuantas veces. Inhale por su nariz la energía positiva, y exhale por la boca cualquier negatividad que haya experimentado. Escuche y enfóquese en cada respiración.

Ahora voy a llevarlo hacia un corto viaje. Antes de iniciar, aclare su mente de pensamientos indeseados. Observe cómo lo abandonan, cierre esa puerta y bote la llave a una cascada. La siguiente meditación le traerá ánimo y una gran fuente de energía.

Siéntase relajado y liviano —se encuentra bien protegido, rodeado de amor y energía positiva—. Pida ser protegido por la luz divina, y sepa que esta meditación le traerá energía rehabilitadora que entrará en todo su cuerpo. Tome unas cuantas respiraciones profundas más y concéntrese al hacerlo. Quiero que se concentre en el área en mitad de las cejas; ese es su tercer ojo. Con los ojos cerrados, visualice que puede ver el ojo en mitad de su frente.

Imagínese que su ojo ha estado dormido y cerrado por un tiempo, y ahora ha empezado a abrirse. Su tercer ojo es el lugar de su ojo psíquico, y a medida que lo abre, podrá ver más claramente su camino espiritual.

Ahora, sintiéndose relajado, va a iniciar un viaje sobre el agua. El día es perfecto. El agua está clara y calmada. Una suave brisa sopla libremente. Caminemos hacia el muelle donde nos espera un bote grande, lujoso y confortable.

Al subir al bote, lo embarga una gran alegría por el viaje a comenzar. Ahora en el bote tiene su propio puesto, con una silla vacía a su lado. Esa silla ha sido reservada para quien desee llevar en este viaje espiritual. Sólo diga su nombre, y visualice a esa persona recibiendo todos los beneficios que le han sido dados a usted.

Se siente emocionado y bendecido al estar en el bote, el cual ahora se mueve calmadamente sobre el agua cristalina. El sol se refleja sobre las olas como pequeños cristales de diamante; parece como el océano azul.

Acérquese a las barandas y mire hacia el agua. Allí ve una familia de delfines nadando a cada lado del bote; ellos cantan y silban el uno al otro. Al mirarlos siente su alegría y felicidad. Sabe que los delfines lo están guiando hacia un santuario seguro. Permanezca mirando a los delfines por unos momentos más.

Ahora hemos llegado a una bahía; es calmada y muy hermosa. Los delfines nos han seguido, y el capitán pregunta si nos gustaría nadar con ellos en este día cálido.

Al entrar al agua, parece como si pudiera entender la forma como los delfines se comunican. Ellos parecen sentir sus pensamientos a medida que juega y habla con ellos, y siente la energía emanar de sus cuerpos. Los delfines nadan a su alrededor en perfecta armonía. Ahora sumerja su cabeza en el agua salada totalmente para limpiar su aura. Permanezca en el agua tibia por unos minutos. Nade un poco más, y cuando esté listo, aborde el bote de nuevo. Mientras se seca bajo el sol de ese cálido día, despídase gentilmente de los delfines. Ellos entenderán y recordarán que pueden nadar en su compañía cuando lo desee y sólo conectándose con esta meditación.

Cuando nos acercamos al segundo malecón, nota que la playa tiene un brillo más resplandeciente y puede sentir la energía positiva que lo toca aún cuando todavía se encuentra en el bote.

Cuando baja del bote en camino hacia el santuario, se admira por los coloridos pájaros y los árboles y flores exóticas. Todo es tan verde y exuberante. Mira a su alrededor y nota la paz y tranquilidad del lugar. Permanezca en ese sitio unos cinco minutos y trate de absorber toda esa calma alentadora.

Luego se encuentra con una gran cascada. En la parte baja hay un pozo claro, rodeado por maravillosas formaciones rocosas y helechos que cuelgan del borde. El agua es tan limpia y clara que es posible ver el fondo. Su temperatura es perfecta y confortable, así que puede nadar y limpiar toda la sal que todavía lo está cubriendo. La claridad del agua significa qué tan clara se tornará su vida, a medida que siente alivio en su mente y cuerpo.

Poco a poco nota que la limpieza se está llevando a cabo a medida que nada en el pozo, quedándose un rato allí hasta que siente su alma rejuvenecida.

Este lugar es casi perfecto; los colores de las flores rodeando el pozo son idénticos a los colores de arco iris. Ahora sale del agua y se sienta en las rocas cálidas, sintiendo la energía magnífica del sol tocando todo su cuerpo y alma, cargándolo con su poderosa energía vitalizadora. Quédese allí por unos cinco minutos.

Es el momento de abandonar el pozo, y se siente un poco triste al salir del santuario de regreso al bote. Es difícil dejar este lugar tan vigorizante, pero se siente feliz sabiendo que lleva consigo esa energía en lo más profundo de su alma. Puede viajar en este bote cuando lo desee, nadar con los delfines, refrescarse en las aguas del pozo y aceptar las bendiciones espirituales tantas veces como le parezca. El alivio crea una felicidad indescriptible.

A la cuenta de cinco, quiero que comience a regresar lentamente; a la cuenta de cuatro, lentamente está más conciente de las cosas. A la cuenta de tres, sea conciente de su alrededor; a la cuenta de dos, mueva sus manos, ojos y pies lenta, lentamente. A la cuenta de uno, abra los ojos siendo conciente de lo que lo rodea.

Siéntese o acuéstese por un momento, reflexionando sobre toda la energía que ha recibido.

La Meditación de la Villa de los Nativos Americanos

Esta meditación inspiradora lo conducirá al lugar donde recibirá alivio y esperanza.

Ubíquese en un lugar confortable para meditar. Concéntrese y evite los sonidos externos a medida que juntos nos preparamos para emprender este viaje.

En estos momentos dedicados a usted, se siente relajado y completamente tranquilo entrando en un estado de paz y bienestar. Escuchar música indígena es recomendable en esta situación.

Sintiéndose relajado, concéntrese en las palabras que lo guían en la meditación. Respire suavemente. Sienta su cuerpo relajarse, sin preocupaciones a medida que se aleja de los sonidos externos. Relájese y continúe respirando. Exhale, inhale; exhale e inhale.

Imagínese que ha llegado a una villa indígena como las que existían hace muchos años. Al caminar por la villa, tenga presente que está protegido por una luz blanca que rodea todo su cuerpo. Sienta que la luz lo cubre como una lluvia desde la cabeza hasta los pies. Está completamente protegido por la luz divina.

Ahora ve al jefe indígena caminando hacia usted. Viene a darle la bienvenida. Parece que lo ha visto en el pasado.

Mire a su alrededor a medida que él se acerca. Observe sus viviendas hermosamente pintadas, escuche la risa de los niños y mírelos jugando. Vea los jóvenes guerreros afilando sus flechas y hablando entre sí. Observe a las mujeres hablando alegremente y note cómo lavan su ropa en el fresco riachuelo que baja de las montañas. Mire a los hombres como planean su próxima cacería. Permanezca allí por unos cinco minutos.

Ahora cuando el jefe está cerca de usted, sabe que definitivamente lo ha visto antes. Él lo invita a tomar asiento a su lado y a compartir la pipa medicinal, junto con otros hombres que se han sentado alrededor del fuego construido en círculo y rodeado de rocas.

Sólo con estar en ese lugar, ya puede sentir una gran fuente de energía y alivio. Observe qué tribu está visitando. ¿Reconoce a alguien más?

El jefe le habla. Él le dice que la tierra no es de nadie; es de todos para compartirla. Le habla del gran espíritu, y la importancia de la espiritualidad en nuestras vidas. Quédese allí escuchando por unos minutos.

Él le pregunta si le gustaría remar en una canoa en el riachuelo que baja de las montañas rodeando la villa. Ahora escoge una bella canoa para usted. Ahora está remando sobre aguas tranquilas y cristalinas. El agua le produce una gran sensación de limpieza a medida que se deja llevar por el riachuelo. La belleza a su alrededor es inmensa, y los pinos en las orillas se mecen al vaivén del viento.

El jefe le recuerda sobre la filosofía indígena de sabiduría proveniente del gran espíritu. Sabemos que el espíritu está en todas las cosas, los árboles, las rocas, la hierba, las montañas, el aire que respiramos, los animales y los pájaros que vuelan.

Ahora detiene la canoa cerca de un verde valle. Los caballos de los nativos están pastando en ese lugar. ¿Ve un precioso caballo blanco que sobresale entre los demás animales? El jefe lo invita a regresar a la villa montado en ese hermoso animal.

La villa le es muy familiar; es como si hubiera estado allí antes.

El jefe pregunta si desearía una curación especial o una medicina holística mientras visita la villa. Él le presenta al curandero de la tribu, quien es un poderoso yerbatero medicinal. Si sufre de algún dolor, o algo lo molesta, solicite alguna medicina holística y observe que se la entrega en sus manos. Quédese en ese lugar por unos cinco minutos.

Hay mucha actividad a su alrededor. Muchas cosas están pasando en un segundo, pero todos se mueven de un lugar a otro con calma y con dirección. Se siente parte de esta gran familia feliz. Disfruta esa sensación de comunidad.

Es tan agradable encontrase en ese lugar y poder observar el atardecer. Al oscurecerse, las hogueras iluminan el alentador aire del anochecer. Siéntese por un momento, cerca del riachuelo, y disfrute de la paz y tranquilidad que lo rodea.

El olor a comida lo regresa a la hoguera. Escuche los cánticos y la música. Haga parte del baile alrededor del fuego. Puede verse bailando cuando se inclina hacia el frente y hacia atrás, levantando una pierna y luego la otra. Este es un momento verdaderamente feliz para usted. Ahora es parte de aquella gente.

Usted entiende el lenguaje que se habla. Al sentarse de nuevo, note quién está sentado a su lado. Pregúntele su nombre.

Mientras come y bebe, siente la necesidad de alivio proveniente de la música y el canto. Piensa que le gustaría quedarse en este sitio por mucho, mucho tiempo.

Al sentarse siente una relación muy cercana y respeto por los ancianos de la tribu. Ellos comparten con usted sus experiencias del pasado. Una inmensa sabiduría y conocimiento le están siendo transmitidos. Siente una gran conexión con la naturaleza y todo lo que lo rodea. Es el sentimiento más alentador que halla sentido. Permanezca allí por unos instantes más.

La luna está saliendo en el horizonte y ya se hace un poco tarde. Es el momento de agradecer a los indígenas por el tiempo que han compartido y ahora hay que decir adiós. Cuando se prepara para partir, el jefe le extiende un pequeño regalo. La felicidad lo envuelve al sentirse parte de la comunidad.

Ahora despídase de todos deseándoles lo mejor, y prepárese para regresar lentamente. A la cuanta de cinco va a despedirse. A la cuenta de cuatro, se siente aliviado y listo para regresar lenta, lentamente. A la cuenta de tres, siente que ya ha regresado. A la cuenta de dos siente sus brazos, piernas y pies mover. A la cuenta de uno sus ojos se abren suavemente y es consciente de su alrededor. Tómese su tiempo para enfocarse con claridad y siéntase relajado reflexionando sobre el mágico lugar en el que acaba de estar.

La Meditación del Amor Verdadero

Esta meditación lo llevará en el camino del verdadero amor, alegría y felicidad.

Experimentará amor interior como nunca antes lo ha sentido.

Siéntese en una silla confortable o en un sofá de la manera más descansada que pueda. Desconecte el teléfono y evite todo ruido externo que lo pueda distraer.

Quiero que se concentre en las palabras que está escuchando, o si está leyendo esta meditación, hágalo lentamente. Usted está protegido a medida que una blanca luz divina lo cubre por completo. Disfrute a plenitud el sentimiento de relajación y libertad ahora que nos movilizamos en dirección de la luz.

Respire profundamente por la boca y por la nariz unas cuantas veces. Manténgase inhalando y exhalando profundamente una y otra vez. Siente que se está relajando, dejando todas las preocupaciones atrás y alejándose del ruido que lo rodea.

Al concentrarse en esta meditación, sienta el amor que empieza a venir de su interior. Visualice ese amor llegando de una fuerza superior. Deje que el amor penetre desde encima de su cabeza. Imagínese su cabeza como una flor que ha estado dormitada. Abra esa flor y permita que la luz del sol y el amor lleguen a usted. Esa flor permanecerá abierta y usted será receptor del amor y la luz que corre por todo su cuerpo.

Quizás tiene algunos sentimientos del pasado o experiencias del presente escondidos en su mente. Ahora es el momento de enfocarse en esta energía de amor. Imagínese que esa energía es blanca y brillante. Inhale y deje que la luz llegue a su flor llenando su cuerpo desde la cabeza hasta los pies. Deje que esa luz llene su corazón dándole mayor entendimiento y conocimiento. Sienta toda la energía penetrando su cuerpo. Sienta cómo su vibración sanadora y su estado de conciencia empiezan a elevarse. Ahora se siente relajado con la sensación de bienestar emanando de su ser. Cualquier malestar que había experimentado, ahora está abandonando su cuerpo. La energía del amor lo está sanando alrededor de su chakra del corazón, localizada en la mitad de pecho.

Está bebiendo el elixir de la vida lleno de puro amor. Tómelo sorbo a sorbo y sienta cómo cada parte de su cuerpo y mente recibe el beneficio del amor ofrecido.

Este no es un amor físico; proviene de una fuente superior de infinito amor. Quiero que repita en su mente después de mí: "Soy una hermosa alma y me amo a mí
mismo". Repítalo una vez más. Dé las gracias y siéntase
privilegiado por recibir este amor. Mientras más da amor,
más lo recibirá.

Imagínese que ha sido llevado a un salón grande lleno
de luz y de amor. Allí verá a una anciana mujer sentada
en un gran sillón en la esquina. Ella y la silla iluminan
con intensidad. Una tenue luz blanca la rodea. Pregúntele su nombre. Luego lo invita a sentarse a su lado.
Dígale dónde le hace falta amor en su corazón y ella lo
ayudará. Puede sentir su gentileza, su amor, y su abrumadora sabiduría. Dígale que está buscando el verdadero amor. Ella le dice: "Para encontrar el verdadero
amor en otros, primero debes encontrar el amor en tu
ser". Ella le ayuda a entender la verdadera experiencia
del amor. Luego coloca la mano en su hombro derecho
y le ofrece paz y alivio. Permanezca hablando con la
anciana por unos minutos más.

Ella continua hablándole. Pregúntele sobre el verdadero amor. Ella tiene la respuesta ya que ha vivido una
larga vida y tiene muchas experiencias. Ella es feliz de
hablar con usted. Es puro amor y trae esa esencia desde
dimensiones superiores.

Ella le dice: "Todo es muy sencillo. Usted llega al
plano terrenal sin nada. Ha escogido sus padres quienes

le enseñarán a medida que crece. Aprenden unos a los otros sobre el amor. A través de las lecciones de la vida busca el verdadero amor. Ponga mucha atención; el verdadero amor está en el interior de todos nosotros. El verdadero amor es la esencia del todo". La anciana es muy sabia y viene desde otras dimensiones. Ella le dice al oído: "Soy amor, soy amor, soy amor".

Permanezca en este maravilloso lugar por unos momentos y sienta el amor. Es algo que quizás nunca había sentido antes. Este es un amor infinito que se siente en cada celda de su cuerpo y estará con usted hasta la eternidad. El amor que le quitará la tristeza y soledad y que siempre le traerá paz y serenidad.

Recibimos el verdadero amor en el momento indicado, así que relájese lo más profundo que pueda. A medida que siente este amor, envíelo a quienes cree que también lo necesitan. Pronuncie sus nombres en su mente, y ellos recibirán amor. Ellos pueden estar en el mundo espiritual, o en el plano terrenal.

Recuerde que puede realizar este viaje de amor cuando lo desee, sólo toma unos cuantos minutos al día. Cuídese a sí mismo y sienta amor cada día. Al regresar de su meditación, sabrá que ha experimentado el verdadero amor y se encuentra listo para compartirlo con todos los que lo necesitan. Ya ha experimentado, y lo seguirá haciendo, el verdadero amor desde su interior. Recuerde, para disfrutar de la vida, debemos llevar amor a nuestros corazones. Cuando ayudamos al prójimo, no es sólo una obligación, es un maravilloso placer.

Ahora visualice una luz dorada brillante rodeando el área del corazón, y sienta que la luz es una increíble fuente de amor para usted. Permanezca allí. Concéntrese en sentir el chakra de su corazón lleno de este amor por unos instantes más.

Ahora quiero que enfoque su atención en la flor sobre su cabeza. Lentamente ciérrela sabiendo que puede abrirla y reconectar con el amor cada vez que desee. Empiece a regresar de la meditación. Traiga consigo el sentimiento del verdadero amor. A la cuenta de cinco, escuche y sea conciente que es el momento de regresar. Lenta, lentamente, a la cuenta de cuatro, sienta que ya está volviendo. A la cuenta de tres sienta sus manos y los dedos de los pies moviéndose. A la cuenta de dos sienta sus ojos parpadear y sea consciente de lo que lo rodea. A la cuenta de uno está totalmente de regreso en el salón, conciente de su alrededor. Ahora permanezca sentado donde se encuentra por unos segundos más. Relájese y recuerde que puede iniciar este viaje hacia el verdadero amor en cualquier momento que desee.

La Meditación Para Conocer
a sus Ángeles Guardianes

Esta meditación le permitirá sentirse completamente relajado y animado, creando las condiciones para dejar atrás todas sus preocupaciones. Quiero que evite todo ruido externo que lo pueda distraer; incluso, puede desconectar el teléfono. Relájese. Siéntase o acuéstese en la posición más confortable, y disfrute de la paz y tranquilidad a medida que escucha el texto de esta meditación. Puede meditar en el momento que quiera, ya que no es necesario estar en un cuarto oscuro o encender velas o escuchar música de fondo. Este es un momento muy especial para encontrarse a sí mismo y conectarse con su guía superior.

Quiero que se concentre en su respiración. Con cada respiro imagínese que está respirando en una luz blanca divina. Al respirar por su nariz, permita que energía positiva entre en su cuerpo. Respire por la boca y exhale toda la energía negativa que lleva consigo. Concéntrese en su respiración unas dos o tres veces más. En estos momentos se siente liviano y aún más relajado.

Quiero que se imagine que es una pluma que flota en la agradable brisa. Véase sintiéndose más y más liviano y elevándose poco a poco. Ahora visualice la cima de su cabeza como una flor, la flor más preciosa que escoja. En la cima de su cabeza se encuentra el área del chakra, y queremos abrir esa área. Primero que todo, pida iluminación, amor y poder a su ser divino para fortalecerlo y protegerlo. Ahora visualice abriéndose la flor en su cabeza, y al hacerlo, vea una luz blanca luminosa conectándose desde la parte superior hasta la flor. A medida que la luz resplandece sobre usted y entra en su cuerpo, puede sentir una agradable sensación. Cada celda de su cuerpo es cubierta por la luz; ésta es la luz divina. Ya siente paz y tranquilidad penetrando su alma, y está empezando a sentir una gran felicidad debido a esta experiencia espiritual.

Si siente que las lágrimas ruedan por sus mejillas, no se altere, ya que este instante es un momento de curación para usted. Sus lágrimas son como una sana limpieza; sus lágrimas son vitales y debemos dejarlas rodar para que fertilicen la tierra y permitan crecer las nuevas semillas dentro de su alma. Al sentirse totalmente relajado, quiero que pida la protección divina a su alrededor una vez más. Sólo pida que sea rodeado por la luz divina.

Recuerde, usted está bajo control y protegido mientras que lo llevo en camino a conocer su Ángel Guardián. Relájese e inhale una vez más por su nariz. Permita que la energía positiva entre en su cuerpo. Respire por la boca y exhale toda la energía negativa que lleva consigo.

Disfrute de todo instante durante la conexión con el mundo espiritual, y cuando llegue el momento indicado, regresará de esta meditación. Ahora se aumentará su nivel de conciencia y entendimiento; es un gran momento para conectar con su ser superior. Sienta la luz fluyendo desde su cabeza hasta los dedos de los pies. Vea y visualice la luz blanca rodeando todo su cuerpo.

Acompáñeme ahora en este maravilloso viaje; un viaje de descubrimiento, armonía, y de gran alivio para el alma. Imagínese que caminamos por un sendero. El día está cálido y calmado y el camino se ensancha con rapidez. Nota el campo abierto y la luz brillante guiándolo por el sendero. Se siente completamente seguro y relajado durante la meditación. En unos pocos días después de esta experiencia alentadora, empezará a obtener los beneficios.

Más adelante nota unos jardines rodeados de árboles de roble dorados. Todo es brillante y cálido a su alrededor, y los colores que observa, son indescriptibles. Siente una gran paz interior penetrando aún más en su cuerpo. Siente un tremendo amor que llena cada célula de su cuerpo. Permanezca en este jardín por unos minutos.

Al continuar su viaje en este bello día, el cielo está brillando con luces azules que parecen cristales. El sol refleja rayos de luz que alumbran sobre su cabeza. Visualice su rayo de luz; imagínese que puede ver el futuro de su vida claramente.

Unos pasos más adelante hay otro jardín. Al entrar, siente una agradable brisa y el camino se ha suavizado con grama sobre el suelo. Es confortable caminar sobre él. Ve una señal sobre la entrada en forma de arco que dice: "El jardín de la Tranquilidad". Éste es el jardín de los espíritus, y las plantas y los pájaros que ve al entrar, son prácticamente indescriptibles. Cada color parece tener su máxima expresión, y la inmensa paz interior es abrumadora en este lugar de belleza y tranquilidad. Puede comunicarse con cualquier planta o animal por medio de su pensamiento. Es un magnífico jardín con colinas creado por los espíritus. Los pájaros y los insectos vuelan alegremente dándole la bienvenida; disfrute de su presencia. Puede sentir que ríe de dicha y felicidad en su interior a medida que este radiante jardín del Edén penetra su alma. Ve una silla muy confortable al frente suyo. Siéntese y disfrute esta parte del cielo por unos instantes.

Un poco más adelante llega a una puerta. Al abrirla, su guía espiritual lo está aguardando, o quizás un ser querido le da la bienvenida. Él lo tomará de su mano para continuar el viaje. Observe quién lo espera; pregunte su nombre y note cómo está vestido. Su guía espiritual o su ser querido lo reciben con sabias palabras. Pregúntele sobre su camino espiritual y cuánto ha avanzado. Quizás quiera preguntarle sobre su vida material en esta vida. Mientras espera y escucha las respuestas, voy a esperarlo para luego continuar. Permanezca allí por unos minutos.

Luego ve un gran arco iris. Sus magníficos colores parecen cubrirlo y llenarlo de alivio. Acérquese hacia el arco iris y note los colores tan suaves como el algodón. Toque el arco iris y tome un pedazo del color que hoy prefiera. Envuélvase con el color; esta es su fuente de iluminación, alivio y amor. El arco iris es muy especial y tiene unas escaleras que salen de él. Su guía le permite subir las escaleras hasta lo más alto. Comienza a subir los escalones, doce en total. El alivio y bienestar que siente son mágicos. La felicidad total está con usted y es indescriptible. Siente como si fuera el verdadero cielo. Sabe que su vida está siendo positivamente influenciada en este momento. Es muy privilegiado de realizar este viaje. La energía que lo rodea es magnífica. Siente la luz y el amor a su alrededor, y siente un estado de renovación desde su interior. La felicidad y los rayos luminosos se filtran en su cuerpo a través de la cabeza y fluyen hasta los dedos de los pies. Permanezca allí por unos momentos.

Al acercarse a la cima de la escalera ve un gran espejo. Quiero que camine hacia el espejo, lo mire y diga a sí mismo: "Soy una hermosa alma y me amo a mí mismo". Una vez más repita lo anterior. Mirándose al espejo, note cómo está vestido. Continúe mirando al espejo y note que su imagen comienza a desvanecerse. Al mirar de nuevo, nota que alguien diferente lo está mirando. Este nuevo rostro, es el rostro de su guía dándole la bienvenida. Intente identificarlo, pregúntele su nombre. Observe qué clase de vestimenta lleva puesta. Si no puede ver su cara, quizás pueda ver sus manos.

Su guía espiritual ahora le está entregando un regalo. Mírelo, acéptelo y de las gracias. Permanezca allí por unos momentos.

Al continuar lentamente, sabe que traerá ese regalo con usted cuando regrese. Sigue caminando sobre la escalera del arco iris y su guía le entrega unas flores. Puede ver sus colores combinándose con los colores de su aura. En la cima de la escalera hay una puerta. Quiero que camine hacia la puerta. Ésta está brillando y tiene una manija de color dorado. Abra la puerta y notará que ha entrado en un salón iluminado por una luz dorada. Pida un deseo en este momento. Todo en su vida ahora aparece con claridad. Permanezca en ese salón el tiempo que desee.

Al moverse en ese salón, nota otra puerta hacia la derecha. Por favor entre por esa puerta. Puede ver la palabra "sabiduría" escrita sobre la puerta de ese salón. Mire a su alrededor y encontrará muchos estantes llenos de libros. Es una biblioteca separada en cuatro secciones. La primera sección se refiere a la historia de la familia. La segunda es sobre las vidas pasadas. La tercera habla sobre las técnicas espirituales; y la cuarta es sobre la salud. Quiero que escoja la sección que más le interesa, y su guía lo llevará hacia el libro que ha escogido. Tome el libro, mire su cubierta y observe si puede leer el título claramente. Este libro lo llevará con usted cuando regrese. Permanezca en la biblioteca de la sabiduría por unos minutos más.

Es el momento de continuar el viaje. Ahora hemos sido invitados hacia el salón de la purificación y curación. Quítese los zapatos al entrar y siéntese en la bella silla de terciopelo que ha sido escogida para su comodidad. Sus pies son lavados en refrescante agua de lavanda. Se siente en paz y descansado. Ahora ve a un sacerdote en la otra esquina del salón llamando su nombre y acercándosele. Él lleva puesto una túnica de color violeta y lleva puesto un collar dorado grande alrededor de su cuello. Su cabello y barba son como la nieve. Él es el sacerdote de la sabiduría y le ofrece alivio y purificación. Al mirarlo, él le ofrece la copa de la verdad y le entrega en sus manos una vasija con agua clara y pura. Él le pide que a medida que bebe el agua, le comunique en qué áreas quiere ser aliviado. Usted puede solicitar alivio en su cuerpo, en su mente o en su alma, o donde desee que sea curado. Al tomar un sorbo del agua, siente que ha sido llenado con una luz brillante y con los más hermosos rayos curativos. La luz está llena de luminosidad y este alivio lo beneficiará enormemente ahora y en el futuro. Pídelo y se te concederá. Todavía continúa recibiendo alivio y energía de amor. Permanezca allí por unos minutos.

En estos momentos se siente lleno de calor y la abundante energía está corriendo por todo su cuerpo. Todos sus problemas y preocupaciones están quedando atrás a medida que viaja por el reino espiritual. Esta es la más maravillosa energía espiritual que nunca antes haya experimentado. El universo está compartiendo todo con usted. Ahora su guía lo regresa al camino. Pregúntele su nombre, si no lo sabe todavía. Pídale que le dé cualquier información importante relacionada con usted en estos momentos. Permanezca allí por unos instantes. Agradezca a su guía por el tiempo que han pasado juntos y pídale que siempre esté con usted en el transcurso de su vida.

Siente un gran alivio y felicidad —un sentimiento de plenitud que quizás no experimentaba hacía mucho tiempo—. Una vez más agradezca por el alivio recibido e inicie su regreso lentamente hacia nosotros. Escuchará una cuenta regresiva a partir de cinco, así que despídase de su guía o de quien esté con usted en el mundo espiritual en este momento. Ahora regrese lenta, lentamente. A la cuenta de cuatro, lenta, lentamente. A la cuenta de tres, siente que se conecta a su cuerpo sintiéndose relajado y reconfortante. Lenta, lentamente, a la cuenta de dos, siente sus ojos, su cuello, su cabeza y los hombros despertándose en su cuerpo. Ahora siente sus brazos, piernas y pies de nuevo en su cuerpo totalmente relajado. A la cuenta de uno abrirá los ojos lenta, lentamente, y será conciente de su alrededor. Permanezca en esta posición meditativa por unos momentos, o el tiempo que desee, y reflexione en la meditación que acaba de experimentar.

Si está meditando en grupo, puede compartir la experiencia haciendo las siguientes preguntas:

- ¿Quiénes sintieron el maravilloso día y experimentaron el bello jardín espiritual?

- ¿Vio a su guía espiritual? ¿Había alguien más recibiéndolo al momento de su llegada?

- ¿Escuchó el nombre de su guía espiritual?

- ¿Preguntó sobre su camino espiritual y recibió una respuesta?

- ¿Vio y experimentó el arco iris? ¿Qué color escogió del arco iris?

- ¿Subió la escalera en el arco iris? ¿Se vio a usted mismo en el espejo, o vio reflejada la imagen de su guía?

- ¿Pidió algún deseo? ¿Vio la biblioteca y seleccionó algún libro? ¿Ha traído el libro en su mente de regreso?

- ¿Vio al sacerdote y lo que le entregó en sus manos?

- ¿Sintió alivio y tranquilidad al finalizar esta meditación?

- Recuerde, puede iniciar este viaje cuando lo desee simplemente leyendo estas palabras o por medio de alguien que las lea por usted.

La Meditación del Alivio y el Aprendizaje

Esta meditación puede causarle dolor, rabia, tristeza y lágrimas como resultado de su pérdida. El propósito es ayudarlo a enfrentar y curar las penas del corazón. Quiero que diga a sí mismo cada día: "Tengo un corazón feliz, tengo un corazón feliz. Mi corazón está lleno de amor". Ahora coloque su mano izquierda en su pecho. Esta es el área del chakra del corazón. Luego coloque la mano derecha sobre la izquierda, y sienta el calor que penetra en este chakra. Con las manos en esta posición diga mentalmente: "Mi corazón está feliz. Mi corazón está lleno de amor. Dejo que mi pena se vaya hacia el universo". Después de unos momentos de tranquilidad y de sentir el calor que penetra en su corazón, sabrá que al quitar las manos del pecho, su ansiedad será removida. Esto es saludable tanto para su estado emocional como físico.

Es probable que siempre sentirá un dolor profundo en su corazón por la pérdida del ser querido que ahora se ha ido hacia un plano superior. Quizás pueda sentir que parte de usted desea unirse a aquella persona que se ha ido, debido a que su propósito en la tierra ha sido quebrantado. Recuerde que debe intentar a toda costa continuar viviendo, reír y ser feliz una vez más. Ese es el deseo de su ser querido desde el mundo espiritual. Todavía no es el momento de partir de esta vida preciosa.

Trate de ser fuerte y haga de cada día algo positivo. Inicie su trabajo hacia la aceptación de que su ser amado ahora se encuentra en un plano superior de amor, paz y conocimiento.

Sea consciente de que su intento por contactar a su ser querido puede ser difícil en estos instantes debido a que todavía hay muchas emociones que lo abruman. Poco después de la muerte es posible sentir su presencia con gran intensidad. Su ser querido se acercará para asegurarle que ellos han entrado a un estado de paz infinito. Algunas veces esa comunicación no se logra debido a que usted no ha aceptado la partida como un hecho. Pero sin importar cuál sea su estado, ellos siempre tratarán de filtrar su amor a través de la nube de dolor que lo cubre.

Tener una fotografía de esa persona es de buena ayuda. Coloque un ramo de flores frescas junto a la fotografía, y pídales que acepten su regalo. Si las flores son aceptadas, se secarán desde el tallo. Las rosas son indicadas para este propósito.

El dolor que siente debido a la situación es de carácter personal. Puede ser casi que indescriptible, y a veces nadie puede realmente entender el dolor que usted está sufriendo. La gente dice a menudo que el dolor pasará con el tiempo; que el tiempo lo sana todo. Pero creo que nunca es posible aliviarse totalmente del dolor. Una parte de su corazón se ha ido con esa persona. Usted puede aprender a vivir con el dolor emocional que causa la partida, y tratar de rehacer su vida de la mejor forma posible. Si puede compartir su pena con familiares y amigos, esto definitivamente traerá alivio. Aún si ellos no entienden, esta es una forma de desahogar el dolor. Todo esto le ayudará a clarificar sus bloqueos emocionales y permitir que el contacto con el mundo espiritual emprenda su camino.

Cuando ha logrado un estado de aceptación y entendimiento, sentirá de nuevo su presencia una vez más. Tenga paciencia porque ellos harán contacto cundo el momento sea indicado. Ahora es más importante sentir la presencia de su ser querido, en lugar de verlos físicamente con los ojos de la mente. Hable con ellos mentalmente y dígales que los ama. Sentirá su presencia y el amor que le entregan en retorno. Cuando siente un escalofrío que baja por su espalda, es la señal que su ser amado se ha hecho presente. Dicho escalofrío confirma el contacto con su campo magnético o aura. Esto significa que están a su lado.

Siempre recuerde que después de que su ser amado ha pasado al mundo espiritual, ellos están como en la habitación contigua. Es agonizante saber que no podemos tocarlos o tener comunicación verbal con ellos. Pero ellos pueden escucharlo cuando les habla en su mente o con voz alta. De cualquier forma, ellos entienden sus patrones de pensamientos. Con práctica, usted podrá escucharlos cuando le hablan también.

Es difícil aceptar que no podemos sencillamente darles un abrazo; pero es un consuelo saber que ahora están en paz, llenos de felicidad y conectados con una entidad superior.

Usted quizás ya ha hablado con su ser amado por medio de los sueños. A medida que viaja en el estado Alfa y abandona su estado corporal, su ser querido se hace presente desde el mundo espiritual para realizar la conexión. Por medio de los sueños le brindan amor y tranquilidad. El encuentro es posible en el plano astral. A menudo cuando despierta de esta clase de sueños, puede experimentar una gran sensación de paz y el conocimiento de que ellos se encuentran felices y llenos de amor.

A veces el despertar trae consigo la sensación de que perder el ser querido fue sólo una pesadilla, pero en pocos segundos llegará a su mente la verdad de que ellos han partido sin usted. Aún cuando no vemos su presencia física, su ser querido está a su lado listo para asistirlo ahora que se ha convertido en su Ángel guardián. Ahora lo protegen en su camino por la vida. Ellos le darán fuerza y levantarán su moral en los momentos que lo necesite.

Antes de entrar en este estado de meditación, escuche algo de música de su predilección para llenar su contorno de energía alentadora. Quizás quiera escuchar las canciones que su ser querido prefería.

Ahora encuentre un sitio cómodo y placentero para sentarse o acostarse. Relájese y respire profundamente varias veces. Inhale por la nariz y exhale por la boca una y otra vez. Esta meditación de alivio y aprendizaje le darán la serenidad necesaria para aceptar la pérdida de su ser querido. La meditación permite transmitir parte de su dolor a los Ángeles guardianes para ayudar a rejuvenecer su campo energético.

Escuche y concéntrese en cada respiración. Sentirá que entra en estado de sueño, pero aún conciente de sus alrededores. Permita que las lágrimas rueden por sus mejillas ya que este es su momento de desahogo y alivio. Las lágrimas lo ayudarán a liberarse del dolor emocional que experimenta.

Esta meditación también está diseñada para trasladarlo a niveles superiores de la conciencia donde podrá comunicarse con sus seres queridos, hablar con ellos y compartir el amor que sienten unos por otros. Orar y enviar amor cada día a sus seres amados que ya han partido asegura que ellos encuentren paz en la nueva dimensión.

Ahora que se encuentra relajado en su sitio favorito, haga lo posible para evitar el ruido y las distracciones exteriores. Este es su momento y es importante que entienda el beneficio que va a lograr.

Deje que la luz divina de amor lo cubra y proteja, ayudándolo a abandonar el dolor que lo envuelve por situaciones pasadas o presentes. Escuche cuidadosamente cada palabra hablada. Si todavía está escuchando su música predilecta, deje que el sonido cubra sus sentidos y siéntase complacido por el momento que ha escogido para conectarse con el mundo espiritual. Ahora se siente relajado y protegido, listo para emprender el viaje para comunicarse con sus seres amados. Siéntase calmado y lleno de amor, e imagínese que flota en el aire como una pluma al vaivén de la suave brisa. Ahora siente que flota de un lado al otro a medida que se eleva sobre el firmamento.

Cuando para de flotar, siente paz y tranquilidad a su alrededor. Las penas de su corazón han desaparecido en este momento. Ahora siente alegría y felicidad al sentir que sus seres queridos lo están rodeando. Permanezca en este lugar todo el tiempo que desee.

En estos momentos reconocerá los cambios de energía y vibración entrando en la habitación, y podrá sentir profundamente la paz y la inmensa tranquilidad que sus seres queridos sienten en el mundo espiritual. La habitación está colmada de una maravillosa y hermosa luz rosada. Ésta es la luz del amor. En el borde de la habitación se encuentra un color azul tenue como nunca antes lo había visto. Este es el color de la curación. Visualícelo a través del ojo de la frente y verá una luz blanca que lo rodea.

Ahora lo llevaremos en un viaje hacia los reinos espirituales. Este es el viaje que ha estado esperando y que verdaderamente merece. A medida que se sumerge en los estados profundos de la conciencia, piense en sus seres queridos en el mundo espiritual. Diga su o sus nombres en la mente y hágales un llamado. Piense en ellos cuando estaban saludables y felices viviendo en el plano terrenal. Una vez más diga su (s) nombre (s) en su mente. Es muy posible que en estos momentos ellos ya estén listos para comunicarse con usted.

Para llamar su atención, sus seres queridos pueden crear un olor familiar cerca de su nariz. Puede ser la fragancia de una flor, un perfume, el olor de algún alimento, etc. Algunas personas perciben el olor del mar. Sin importar lo que perciba, este es el momento de agudizar sus sentidos porque es la señal de que su ser querido se encuentra en la habitación.

Sienta a su ser querido a su alrededor; sienta el amor en la habitación. Hable con ellos en su mente y pregunte cómo se encuentran. Si siente que no es posible hacer la conexión, simplemente relájese. Los seres del mundo espiritual harán contacto cuando sea el momento indicado. No se frustre si la conexión fue débil o no se pudo realizar. Continúe hablando mentalmente con su ser querido ya que ellos lo escucharán. Desafortunadamente usted es el que no los está escuchando en estos momentos. Es aquí donde quizás necesite consultar un médium en una futura oportunidad. Algunas veces cuando la conexión está muy cerca puede ser difícil llevarla a cabo por el conflicto emocional creado al tratar de comunicarse.

Esta es una excelente oportunidad para animarse de nuevo. No intente desaforadamente lograr la comunicación. En el futuro tendrá otras oportunidades de meditar y la conexión se hará posible. En estos momentos de tranquilidad, envíe todo su amor a quienes se encuentran en el mundo espiritual. Visualícelos en su lugar preferido cuando se encontraban en la tierra y pídales guía y dirección ahora que usted está entrando en un nuevo camino.

Imagínese a su ser querido entregándole una rosa desde el mundo espiritual. ¿Cuál es el color de la flor? Acéptela con amor, y dígales también que usted ha aceptado su partida. Ellos ahora tienen su permiso para estar en esa dimensión, y que confía que vendrán a usted cuando el momento sea indicado. Cuando aceptamos que nuestros seres queridos sigan su camino, nuestra vida en el plano terrenal podrá seguir su curso, y el contacto con ellos se hará aún más posible.

Ahora tome el tiempo necesario para confrontar su dolor. Es de mucha ayuda hablar con aquellos que se encuentran en su mismo nivel de vibración y entendimiento. Piense cómo lograr alivio y cómo ayudar a quienes sufren y tratan de entender su propio dolor.

Si su sufrimiento es debido a la pérdida de un hijo, encuentre consuelo al saber que ha sido recibido por algún otro ser querido que ya se encuentra en el mundo espiritual. Puede ser algún abuelo, un familiar o un amigo cercano. El mundo espiritual asigna "madres niñeras" para guiar y cuidar a los bebés e infantes que regresan a su mundo rápidamente.

Si ha perdido a alguien en un accidente, tenga presente que su guía espiritual ha recobrado su espíritu un instante antes de ocurrir la tragedia. Los guías han venido a recibirlo para evitar que sufran un dolor físico.

Cuando visualiza una vez más a su ser querido, imagínese que está rodeado de una luz dorada como nunca antes había visto. Véalo parado a su lado. Entre en el círculo de luz que los rodea. Haga contacto con su luz sabiendo que siempre estará conectado con el amor que irradia. Permanezca allí el tiempo que considere necesario.

Nadie podrá quitarle el amor tan poderoso que siente por su ser amado. Esos sentimientos siempre permanecerán en su corazón. Sepa que cuando sea el momento de unirse con ellos en su mundo, ellos vendrán a recibirlo. Sólo Dios sabe cuándo será ese momento y debemos dejar a la fuerza divina que determine cuál será la duración de nuestras vidas.

Tenemos la capacidad de cambiar casi todo en nuestras vidas por la libertad de decisión que poseemos. Lo único que no debemos o podemos cambiar, es el tiempo que tenemos destinados para estar en este plano terrenal. Esa decisión debe ser tomada por fuerzas superiores. La única excepción puede presentarse en casos donde la muerte es inminente y la eutanasia es la alternativa.

Así que aproveche estos instantes de curación y alivio, sabiendo que es la oportunidad para contactar a sus seres queridos en el mundo espiritual. Siéntase relajado, en paz y con la felicidad al saber que sus seres queridos están a su lado, ayudándolo a evolucionar en su vida física y espiritual. Permanezca en paz por unos instantes más antes de regresar de su meditación. Al volver, sentirá una inmensa energía brotando de su ser. Ahora será cubierto por una luz de felicidad y su corazón se mostrará radiante una vez más. Esta meditación le traerá paz sabiendo que sus seres queridos están rodeados del amor en el mundo espiritual.

A la cuenta de cinco regresará lentamente, enviándole a su ser querido una señal de despedida. A la cuenta de cuatro, siente un poco de tristeza al decir adiós, pero conciente de que podrá conectarlos casi que en cualquier momento. A la cuenta de tres, se encuentra relajado y regresando lentamente. A la cuenta de dos mueva lentamente sus miembros. A la cuenta de uno abra sus ojos lentamente, y permanezca sentado por unos instantes hasta estar listo para moverse. Una vez más recuerde que es importante compartir sus sentimientos con sus allegados.

Para confrontar su dolor, utilice estos momentos de calma y quietud para conectarse con sus seres queridos. Hágalos parte de su diario vivir y tenga presente que ellos lo están esperando cuando sea el día correcto para que se realice la unión. El tiempo espiritual es como un parpadeo en nuestro mundo terrenal; el tiempo no existe en el mundo de Dios.

Al despertar de esta meditación, tenga presente lo importante que es la felicidad en su vida. A través de esa felicidad, podrá enviar mensajes a sus seres queridos en el mundo espiritual. Recuerde que ellos lo guían y cuidan abrazándolo con el amor espiritual.